엄마 아빠랑
마음이 통하는
대화법

엄마 아빠랑
마음이 통하는 대화법

정재영 글　이정화 그림
초판 1쇄 발행일 2022년 1월 31일　**초판 4쇄 발행일** 2024년 8월 20일
펴낸이 박봉서　**펴낸곳** (주)크레용하우스　**출판등록** 제1998-000024호
편집 이민정·최은지　**디자인** 이혜인　**마케팅** 한승훈·신빛나라　**제작** 김금순
주소 서울 광진구 천호대로 709-9　**전화** (02)3436-1711　**팩스** (02)3436-1410
인스타 @crayonhouse.book　**이메일** crayon@crayonhouse.co.kr

글 © 정재영, 2022
이 책에 실린 글과 그림은 무단 전재 및 무단 복제할 수 없습니다.
KC마크는 이 제품이 공통안전기준에 적합하였음을 의미합니다.

ISBN 978-89-5547-903-4 74810

엄마 아빠랑 마음이 통하는 대화법

정재영 글 이정화 그림

크레용하우스

차 례

1. 거짓말인 거 다 알아   8

2. 너 엄마 아빠 화나게 할래?   15

3. 너는 생각이 없니?   22

4. 내가 어쩌다 너 같은 애를 낳았을까?   28

5. 낼모레면 중학생인데 그걸 못하니?   36

6. 너 잘되라고 혼내는 거다   44

7. 너는 엄마 아빠 고마운 줄 모른다   52

8. 너는 왜 아무것도 아닌 일에 짜증 내니?   59

9. 누가 들으면 공부 잘하는 줄 알겠다   69

10. 또 게임이야? 공부를 그렇게 해 봐라   76

11. 몇 번을 말해야 알아듣니?　　　82

12. 뭘 잘했다고 울어? 웃긴 또 왜 웃어?　　　88

13. 사내자식이 용기가 없어?　　　94

14. 안 된다면 안 되는 줄 알아　　　101

15. 엄마 친구 딸은 100점 받았는데　　　106

16. 왜 약속을 안 지켜?　　　112

17. 이게 사람 방이야? 돼지우리지　　　117

18. 커서 뭐가 되려고 그래?　　　123

19. 학생이 하라는 공부는 안 하고　　　130

 **작가의 말**

　한 아이가 매일 야단맞고 잔소리를 들으면서 살았어요. 허리를 똑바로 펴라, 텔레비전은 멀리 떨어져서 봐라, 독서 좀 해라, 말대답하지 마라 등등 허구한 날 꾸중과 잔소리에 시달렸어요. 오랫동안 괴로웠던 아이는 결심했답니다. 부모가 되면 절대로 잔소리하지 않을 거라고요.

　그 아이가 자라서 아빠가 되었어요. 얼마나 기뻤는지 예쁜 아기를 바라보면서 마음을 굳게 먹었어요. 아이를 행복하게 키우겠다고요. 또 어릴 적 결심도 떠올렸죠.

　그런데 이상한 일이 벌어졌지 뭐예요. 왜 책을 안 읽니? 공부를 안 하는 이유는 뭐니? 야채는 또 왜 안 먹니? 꼭 그렇게 짜증을 내야겠니? 등등 잔소리가 폭포같이 쏟아졌어요.

　아빠는 아이를 기르는 동안 수백수천 가지의 잔소리를 한 것 같아요. 혼내고 야단치는 일도 많았죠. 잔소리를 듣고 자란 아이가 잔소리쟁이 아빠가 되고 말았어요. 슬펐죠. 몰래 한숨 쉬며 후회했어요. 아이에게 미안한 마음도 들었어요. 오랫동안 후회하고 미안해하던 아빠는 결국 이 책을 쓰게 되었어요.

    지금도 잔소리와 꾸중에 시달리는 어린이 여러분, 많이 힘드시죠? 제가 두 가지 선물을 드릴게요.

    첫 번째는 잔소리하는 엄마 아빠의 속마음을 알려 드릴게요. 왜 엄마 아빠가 잔소리를 하고 야단치는지 알고 보면 엄마 아빠를 이해할 수 있을 거예요.

    또 다른 선물은 엄마 아빠와 대화를 잘하는 방법이에요.

    겁내지 말고 차분히 그리고 예의 바르게 엄마 아빠에게 말해 봐요. 잔소리 때문에 상처받았다고요. 또 야단이 어린이에게 해롭다고요. 간절히 논리적으로 부탁하면 엄마 아빠는 감동할 게 분명해요. 옛날 생각을 하면서 코끝이 찡해질지도 몰라요. 엄마 아빠도 야단맞으며 울었던 어린이였거든요.

여러분을 응원하는
잔소리쟁이 아빠가

1. 거짓말인 거 다 알아

# 꼭꼭 숨은 엄마 아빠 마음

가끔 엄마 아빠는 스스로 초능력자라고 생각하는 거 같아요. 우리 마음을 꿰뚫어 볼 수 있다고 믿어요. 그래서인지 이렇게 외쳐요. "거짓말인 거 다 알아."

엄마가 마음 투시력을 갖고 있나요? 물론 아니에요. 초능력자가 아니니까 엄마의 추리는 틀릴 수 있어요. 사실을 말하고도 거짓말쟁이 취급을 당한다면 우리는 얼마나 서러울까요. 거짓말쟁이가 되어 버려 믿어 주는 사람이 없다면 외로울 거예요.

엄마 아빠는 우리가 거짓말하는 걸 아주 싫어해요. 목청을 높이면서 화를 낼 때도 많죠. 그건 거짓말이 도둑질처럼 나쁘기 때문이에요. 세상은 거짓말쟁이를 싫어해요. 양치기 소년같이 거짓말이 버릇이 되면 친구도 다 잃게 되죠.

"그만해. 거짓말하는 거 다 알아."
= 거짓말은 나쁜 거야. 정직하게 말해야 해.

엄마 아빠는 우리가 솔직 당당하길 바라서 야단을 치는 것인데 표현 방법이 문제예요.

무엇보다 "거짓말하는 거 안다"는 하면 안 되는 말이죠. 예를 들어 볼게요. 엄마가 선생님에게 "지금 거짓말하는 거 다 알아요."라고는 말하지 않아요.

아빠가 할아버지에게 "거짓말하지 마세요."라고 했다가는 큰일이 나죠. 듣는 사람을 거짓말쟁이로 취급하는 건 무례하기 때문이에요.

그런데 우리에게는 무례한 말을 해도 될까요? 어리니까 함부로 거짓말쟁이 취급해도 되나요?

아니에요. 엄마 아빠도 우리에게 예의를 지켜야 해요.

 **짜증 폭발 어린이 마음**

가장 사랑하는 사람이 자신을 믿지 못한다는 것은 정말 슬퍼요. 엄마 아빠가 나를 믿지 못하면 눈물이 날 것 같아요. 심지어 엄마 아빠가 나를 의심하면 울컥 짜증도 나죠. "거짓말인 거 다 안다"라는 말은 두 가지 뜻으로 들려요.

> "그만해. 거짓말하는 거 다 알아."
> = 엄마는 너를 믿지 않는다.
> = 엄마는 네가 거짓말쟁이 나쁜 아이라고 생각해.

사실 우리가 가끔 거짓말할 때도 있어요. 하지만 아닐 때가 훨씬 더 많아요. 거짓말이 아닌데 거짓말쟁이로 몰리면 억울한 게 당연해요. 화가 나고 가슴이 답답해지죠. 엄마 아빠가 나를 믿지 않으니까 외로워져요. 넓은 사막에 혼자 버려진 것처럼 쓸쓸하고 막막해요. 이럴 때는 어떻게 해야 할까요?

✅ 나의 느낌을 자세히 밝힌다

　나의 기분을 상세히 그리고 예의 바르게 밝혀야 해요. 그것이 잔소리 대처법의 기본입니다.

　여러 번 강조하니까 책을 읽고 나면 또렷이 기억하게 될 거예요.

　엄마 아빠가 "거짓말하는 거 다 안다"고 말하면 우리는 보통 하소연을 합니다. 믿어 달라고 말하는 것이죠.

　"엄마, 거짓말 아니에요. 정말이에요. 저를 믿어 주세요."

　물론 그렇게 말해도 됩니다. 엄마 아빠가 생각을 바꿀 수 있어요. 그런데 나의 느낌을 자세히 말하면 설득력이 더 높아집니다. 예를 들어 볼게요.

　"아빠가 저를 거짓말쟁이로 생각하니까 너무 슬퍼요. 눈물이 날 것 같아요. 가슴도 답답해요."

　"엄마는 저를 거짓말쟁이로 여기고 있어요. 엄마에게서 버림받은 느낌이에요. 사막에 떨어진 느낌이라고요. 저를 믿어 주세요."

✅ 거짓말했다고 시원하게 인정한다

만일 거짓말했으면 시원하게 인정해 보세요. 엄마 아빠는 깜짝 놀랄 거예요. 속으로는 살며시 감탄할지도 몰라요. "우리 아이가 참 정직하구나" 하면서요. 거짓말을 솔직히 인정하려면 이렇게 말해 보세요.

"맞아요, 엄마. 제가 거짓말했어요. 유튜브 보려고 휴대 전화를 켠 게 맞아요. 잘못했어요. 앞으로는 그러지 않을게요."

"거짓말한 게 맞아요. 야단맞을 게 너무 무서워서 그랬어요. 저는 아직 겁쟁이인가 봐요. 용서해 주세요."

"인정해요. 어제 거짓말했어요. 죄송해요. 후회도 하고요. 그런데 믿어 주세요. 지금은 거짓말 아니에요."

✅ 엄마 아빠도 모든 걸 알 수는 없다고 말한다

엄마 아빠는 우리 마음을 꿰뚫어 본다고 자신합니다. 하지만 아무리 엄마 아빠라도 우리 마음을 다 알 수는 없죠.

"엄마 아빠는 신이 아니에요. 제 마음을 어떻게 다 알아요? 의심하지 말아 주세요."

"거짓말 탐지기도 틀려요. 엄마 아빠도 틀릴 수 있어요. 만일 제가 거짓말하는 게 아니라면 제 마음의 상처는요?"

✅ 논리적으로 설득한다

우리를 믿어야 하는 이유를 논리적으로 말하면 좋을 거예요. 이치에 맞는 설득이 엄마 아빠의 마음을 움직일 수 있답니다.

"엄마, 제 말을 믿어 주지 않으면 전 상처받아요. 우리 관계가 깨진다고요."

"아빠, 의심받는 아이는 나중에 다른 사람을 의심하게 돼요. 매를 맞고 자란 아이가 때리는 아빠가 된다고 하잖아요. 똑같다고 생각해요. 저는 남을 의심하는 사람이 되기 싫어요. 제 말을 믿어 주세요."

엄마 아빠는 우리가 거짓말쟁이가 될까 봐 걱정하며 애를 태워요. 거짓말하지 않을 테니 믿어 달라고 부탁하면 엄마 아빠의 마음에서 걱정이 사라질 거예요.

2. 너 엄마 아빠 화나게 할래?

꼭꼭 숨은 엄마 아빠 마음

　일급비밀이 하나 있어요. 엄마가 "너 엄마 화나게 할래?"라고 겁줄 때 우리만 무서운 게 아니에요. 사실은 엄마도 무서운 상상에 빠져서 가슴이 콩닥콩닥거려요. 어떤 상상일까요.

　엄마는 우리가 불행해질 거라고 상상해요.

　우리가 "수학 공부 안 할래요"라고 말한다고 가정해 봐요. 말을 듣자마자 엄마는 무서운 상상에 휩싸여요. 우리가 오늘 하루 공부를 안 하면 대학을 못 가고, 대학을 못 가면 평생 불행해진다고 믿는 것이죠.

분노하는 엄마의 마음 흐름도

오늘 수학 문제를 안 풀면
▼
초등학교 수학을 포기하게 될 것이다. 그러면
▼
중고등학교에서도 수학을 포기한다. 그러면
▼
원하는 대학을 가지 못한다. 그렇게 되면
▼
직업도 없이 평생 밥도 굶고 가난하게 살 것이다.
▼
안 돼! 겁을 줘서라도 공부하게 만들어야 해!

"너 엄마 화나게 할 거야? 꼭 매를 들어야겠니?"

눈 깜짝할 사이에 엄마의 걱정은 눈밭에 굴리는 눈덩이처럼 커집니다. 아주 무서운 상상으로 변하게 되죠.

사람은 무서우면 소리를 지르게 되잖아요. 엄마도 소리칩니다. "너 엄마 화나게 할래?"라고요.

엄마는 사랑하는 우리에게 나쁜 일이 일어날까 봐 두려워서 소리치는 것이죠.

우리가 대든다면서 야단치는 아빠도 똑같아요. 그냥 놔두면 우리가 커서도 반항하고 싸울 거라고 상상해요. 아빠로서는 아주 무서운 일이에요. 꼭 막아야 해요. 때문에 소리 높여 야단을 치게 되는 거랍니다.

짜증 폭발 어린이 마음

우리에게 마음 투시력이 있나요? 물론 아니죠. 그래서 엄마 아빠가 왜 화를 내는지 알 수 없어요. 사실 "화나게 할래?"라는 말을 들으면 우리는 뭔가 생각할 겨를도 없어요. 무서워서 머리가 얼어붙어 버리죠.

우리는 엄마 아빠가 위협하는 게 너무나 두려워요. 위협은 겁을 주는 거예요. 시키는 대로 하지 않으면 벌을 주겠다는 경고가 위협이죠. 엄마 아빠의 꾸중은 우리에게는 이렇게 들립니다.

"너 정말 화나게 할 거야?"
= 당장 시키는 대로 해. 아니면 혼내 줄 거야.
= 엄마 아빠가 화내면 그건 말 안 듣는 네 잘못이야.

엄마 아빠가 우리를 사랑한다는 걸 우리도 잘 알고 있어요. 하지만 혼내고 때리겠다고 겁주면 어쩔 수 없이 의심이 들어요. '엄마 아빠가 진심으로 나를 사랑하는 걸까' 하고 말이죠.

✅ 무서워하는 엄마 아빠를 안심시킨다

　엄마 아빠는 우리의 불행을 상상하면서 화를 냅니다. 반대로 안심이 되면 화가 줄어들죠.

　번거로워도 어쩔 수 없어요. 나이 든 엄마 아빠지만 우리가 가끔씩 엄마 아빠를 안심시켜야 해요.

　"엄마, 걱정 마요. 영원히 수학 공부를 안 하겠다는 게 아니에요. 오늘 하루만 쉬겠다는 거예요. 내일부터 다시 할게요. 엄마, 마음 놓아도 돼요."

　"아빠, 제가 버릇없다고 걱정 많이 하죠? 안심하세요. 집 밖에서는 아주 예의 바른 아이예요. 선생님하고도 잘 지내고요, 학원에서도 착하다고 칭찬을 많이 받아요. 앞으로는 집에서도 착한 어린이가 될게요. 걱정하지 않아도 돼요."

✅ 위협은 싫다고 분명히 말한다

　엄마 아빠는 가끔 겁을 주죠. 말을 듣지 않으면 혼내겠다고 소리치죠. 엄마 아빠도 그럴 만한 이유가 있어요. 우리가 위험하거나 나쁜 행동을 하지 않게 막아야 하거든요.

　그래도 너무 심하게 겁을 주면 안 됩니다. 우리 마음을 매로 때리는 것과 같기 때문이죠. 무섭겠지만 용기를 내서 위협은 싫다고 분명히 말하세요. 엄마 아빠도 많은 생각을 하게 될 거예요. 단 엄마 아빠의 화가 풀린 후에 이야기하는 게 좋습니다.

　"엄마 아빠는 말을 듣게 하려고 겁을 줘요. 저는 너무 무서워서 싫어요. 겁주지 말고 차근차근 설명해 저를 이해시켜 줘요. 부탁드릴게요."

　"엄마 아빠가 위협하면 어린이 마음이 비뚤어진대요. 중고등학생이 되어서 반항하게 될 수도 있어요. 제발 부드럽게 따뜻하게 말해 줘요."

✅ 겁쟁이로 만들지 말라고 부탁한다

겁을 자주 주면 우리가 겁쟁이로 자란다고 알려 드리세요.

"강아지도 학대받으면 평생 사람을 무서워해요. 우리도 엄마 아빠가 자주 야단치고 겁을 주면 겁쟁이로 살게 될 거예요. 저를 사랑한다면 용기를 주세요."

"아빠, 정말 겁이 나서 몸까지 떨릴 정도예요. 제가 겁쟁이가 되는 게 좋아요? 저는 싫어요. 제발 겁주지 마세요."

✅ 엄마 아빠가 불쌍하다고 생각해 본다

사실 엄마 아빠는 안됐어요. 하루에도 몇 번씩 화를 내는 건 마음이 아주 힘들다는 뜻이에요. 걱정이 많고 무서운 게 많아서 엄마 아빠는 화를 많이 내는 것이죠. 따뜻하게 엄마 아빠를 위로하면 어떨까요?

"엄마 아빠, 요즘 저한테 화를 많이 내는 거 알아요? 저 때문에 걱정이 많아서 그런 것 같아요. 죄송해요. 제가 빨리 어른이 되어서 엄마 아빠에게 잘해 주고 싶어요."

3. 너는 생각이 없니?

꼭꼭 숨은 엄마 아빠 마음

이 세상에 생각하지 않는 사람은 없어요. 심지어 동물들도 살기 위해 생각할 걸요. 하물며 어린이가 생각을 안 할 리가 없잖아요? 그런데 엄마 아빠가 가끔 야단칩니다. "너는 생각이 없니?" 그럴 때 우리 마음은 쿵 떨어져요.

예를 들어서 신나게 놀다가 일요일 밤이 되어서야 숙제를 시작하며 엄마 아빠가 말하죠.

"이제야 숙제하니? 미리 했어야지. 너는 생각이 없니?"

말실수를 한 어린이도 비슷한 잔소리를 들어요.

"생각 안 하고 말하니?" "모르면 가만히 있어."

이런 말도 바보 취급을 당하는 것 같아서 마음이 아파요.

> "너는 생각이 없니?"
> = 계획을 세워서 생활해야 더 편하고 즐거운 거야.
> = 생각한 뒤에 말하고 행동해야 한다. 알겠지?

 **짜증 폭발 어린이 마음**

"너는 생각이 없니?"
= 너는 생각도 못하는 아이구나.
= 너는 바보 같아 보인다.

이런 말을 들으면 우리는 바보로 취급받고 놀림을 당하는 기분이에요. 저런 꾸중을 감사하게 듣는 건 거의 불가능해요.

"너는 생각이 없다"는 꾸중은 어린이의 자존심을 무너뜨리기 때문에 짜증이 나요. 자존감이 약한 친구라면 더 의기소침해지죠.

자존심을 다친 어린이는 화가 나서 엄마 아빠에게 소리쳐요. "제가 생각이 없다고요? 제발 그런 나쁜 말 좀 하지 마세요."

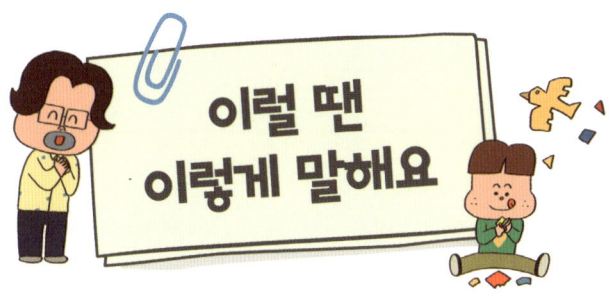

✅ 모욕감을 느낀다고 분명히 말한다

다른 사람을 하찮게 여기는 것이 모욕입니다. 누가 나를 하찮게 여기면 기분이 나빠지는데 그 감정이 모욕감이죠.

"너는 생각 없는 아이다"도 모욕감을 줍니다. "너는 아는 게 뭐냐?"도 마찬가지예요. 또 "모르면 가만히 있어."도 같은 종류의 말이에요. 그런 말 때문에 모욕감을 느꼈다면 정확히 그리고 예의 바르게 말해야 합니다.

"저는 바보 취급을 당한 것 같아요. 이런 말 해서 죄송하지만 저는 모욕감을 느꼈어요. 아빠가 저를 모욕하다니 너무 큰 충격이에요."

"야단쳐도 좋아요. 하지만 모욕하면 안 된다고 생각해요. 어린이의 인격을 존중해 주세요. 저에게도 무시하면 안 되는 인격이 있어요. 그렇지 않나요?"

그런데 기억할 게 있어요. 엄마 아빠의 성격에 따라서 대처법도 달라져야 해요. 엄마 아빠가 너그러운 성격이 아니고 화를 잘 낸다면 모욕감 이야기는 안 하는 게 좋겠어요.

'모욕'은 뜻이 강한 낱말이라서 엄마 아빠가 버럭 짜증을 낼 수도 있으니까요. 대신 부드러운 표현을 써 봐요. 이를테면 "상처받았다"고 하면 됩니다. 예를 들어 볼게요.

"저는 바보가 된 느낌이에요. 마음 깊이 상처를 받았어요."

"엄마, 이 마음의 상처가 나아질까요? 흉터는 남지 않을까요? 걱정이 돼요."

✅ 시간이 필요하다고 설명한다

어린이는 아직 성숙하지 못하기 때문에 생각이 깊지 않아요. 엄마 아빠도 어릴 때는 그랬어요. 몸과 마음이 자라면서 생각이 깊어질 게 분명해요. 그 사실을 차분히 설명하면 잔소리 폭격을 피할 수 있을 거예요.

"저는 아직 계획도 세우지 못해요. 또 결과를 예측하지도 못해요. 그런데 그건 제가 바보여서가 아니에요. 아직 덜 자랐기 때문이에요. 걱정하지 마세요. 몸도 마음도 곧 자라게 될 거예요. 조금만 더 기다려 주세요. 엄마 아빠처럼 깊이 생각하는 어른으로 자랄게요."

"제가 가끔 말실수를 해요. 그런데 저에게는 시간이 필요해요. 어리석다고 비난하지 말고 하나하나 가르쳐 주세요. 부탁드려요."

✅ 이해하고 약속하고 주장한다

엄마 아빠의 꾸지람을 들었다면 3단계로 말해야 해요. 이해하고 약속하고 주장하는 것이죠. 즉 "엄마 아빠 마음을 이해해요(이해). 그리고 앞으로 노력하겠다고 약속해요(약속). 그런데 심한 잔소리나 꾸지람을 하지 말아야 한다고 생각해요(주장)."라고 말하는 겁니다. 예를 들어서 이렇게 말이죠.

"엄마 아빠 말이 맞아요. 제가 신중하지 못했어요. 앞으로는 행동하기 전에 깊이 생각할게요. 그런데 "너는 생각도 못하니?"라고 말하지 마세요. "너는 바보 멍청이다"로 들려서 괴로워요. 꼭 기억해 주세요."

4. 내가 어쩌다 너 같은 애를 낳았을까?

# 꼭꼭 숨은 엄마 아빠 마음

나 참. 누굴 닮았겠어요? 세상의 모든 아이는 엄마 아빠를 닮아야 정상이잖아요. 그런데도 엄마 아빠는 남의 집 아이인 것처럼 야단쳐요. 주워 온 아이가 되어 버린 것 같아 속상합니다. 진짜 엄마 아빠가 다른 데 있는 것처럼 느껴져요.

만일 입양해서 길러 주셨다면 그것도 감사한 일이에요. 다만 사실을 잘 설명해 줘야지요. 이제 와서 누구 닮았는지 모르겠다면서 슬쩍 흘리면 듣는 사람은 고통을 겪잖아요.

비슷하면서 더 심한 꾸중이 있어요. "너도 너랑 똑같은 아이 낳아서 길러 봐"예요. 넌 키우기 힘든 아이니까 너 같은 아이를 낳아서 실컷 고생해 보라는 것이지요. 엄마 아빠가 자녀에게 고생하라고 말하다니, 세상에 이런 슬픈 일이 또 있을까요.

엄마가 "어쩌다 내가 너 같은 애를 낳았을까?"라며 한탄하면 우리는 충격을 받습니다. 아마도 울고 싶어질 거예요.

그런데 우리가 울다가 잠들면 뜻밖의 일이 일어납니다. 방문이 열리면서 누군가 들어와요.

바로 엄마죠. 엄마는 잠든 우리 곁에 앉아서 얼굴을 쓰다듬으며

나지막이 말합니다. "엄마가 너무 미안하다"라고요. 우리는 꿈에도 모르겠죠. 많은 엄마들이 정말로 수없이 후회하고 사과합니다.

하지만 다음 날이 밝으면 마법이 풀린 듯이 모든 게 제자리로 돌아가죠. 엄마는 또 우리와 다투다가 자기도 모르게 심하게 야단칩니다. 그럼 어린이는 울고 엄마는 또 몰래 후회하죠. 이런 일이 집에서 무한 반복되고 있어요. 아래 그림처럼 말이죠.

야단치고 후회하는 엄마 마음의 무한 순환

 ## 짜증 폭발 어린이 마음

엄마 아빠는 몰라요. "어쩌다 너 같은 애를 낳았을까?"라고 말하는 순간 우리의 마음이 무너져 내리는 것을요. 우리가 얼마나 슬프고 힘들어지는지 짐작조차 할 수 없을 거예요.

> "내가 어쩌다 너 같은 애를 낳았을까?"
> = 엄마는 너를 낳은 걸 후회한다.
> = 너는 태어나지 말았어야 한다.
> = 너는 가치 없고 나쁜 아이다.

이런 심한 말을 듣고 서러워서 눈물을 흘려도 전혀 이상하지 않아요. 우리는 자존감을 잃게 됩니다. 자존감은 자신을 존중하는 마음이죠. 그러니까 "나는 소중하다"는 생각이 자존감입니다.

엄마 아빠가 "너는 소중하다"라고 자주 말하면 우리는 자신도 모르게 자존감이 높아질 수 있습니다.

반대로 엄마 아빠가 "너는 참 나쁜 아이다"라고 꾸중하면 어떻게 될까요. 어린이는 자신이 소중하지 않다고 믿겠죠. 자존감이

낮아지는 것입니다.

　엄마 아빠가 우리를 소중하게 여겨야 우리의 자존감이 높아집니다. "너를 괜히 낳아서 내가 고생이다"라고 말하는 건 우리가 소중하지 않다는 뜻으로 들려요. 그러면 우리의 자존감은 벼랑 아래로 추락하게 됩니다.

　엄마 아빠 속마음은 그렇지 않을 텐데 우리가 오해하고 슬퍼하지 않도록 말해 주면 얼마나 좋을까요.

✓ 이해하고 약속하고 주장한다

　이미 알고 있는 내용이라고요? 중요하니까 반복 학습이 필요해요. 야단치는 엄마 아빠에게는 3단계로 말해야 합니다. 이해, 약속, 주장 순서로 말하는 것이죠. 엄마 아빠 말을 잘 알겠고(이해) 앞으로는 바르게 행동하겠는데(약속) 너무 심한 말은 하지 말라고 부탁(주장)하면 됩니다. 예를 들어 볼게요.

　"엄마, 저를 낳은 걸 후회하나요? 제가 말썽을 피워서 그렇게 생각하는 거 알아요.(이해) 앞으로는 바르게 행동할게요.(약속) 하지만 괜히 낳았다는 말은 하지 말아 주세요.(주장) 제 마음이 너무 아파요. 자존감이 지하로 떨어지는 느낌이에요."

　"야단치는 이유를 잘 알겠어요. 죄송해요.(이해) 내일부터는 노력할게요.(약속) 하지만 저를 낳은 걸 후회하지는 마세요.(주장) 제가 견딜 수 없이 슬퍼져요."

✅ 진심이 무엇인지 정확히 말해 달라고 부탁한다

엄마 아빠가 선을 넘는 말을 할 때가 종종 있어요. "괜히 널 낳았다", "내가 왜 엄마가 되겠다고 생각했는지 모르겠다" 등이지요.

그런 말을 들었다면 다음 날이라도 꼭 물어봐야 합니다. 진심이냐고요. 정말 나를 낳은 것을 후회하는지 궁금하다고 물어보세요.

엄마 아빠는 아마 그건 진심이 아니었다고 대답할 거예요. 또 다시는 그런 심한 말을 하지 않으려고 노력하게 될 겁니다.

"어제부터 계속 고민했어요. 엄마, 저를 낳은 걸 정말 후회해요? 저는 잘못 태어난 아이인가요? 솔직한 마음을 말해 줘요."

"엄마 아빠, 저는 태어나지 말아야 했나요? 저는 세상에 있으면 안 되는 아이인가요? 대답해 주세요. 너무 궁금해요."

✅ 칭찬을 듬뿍 해 드린다

마음이 아주 넓은 어린이가 할 수 있는 대처법이에요. 엄마 아빠에게 칭찬을 해 드리면 꾸중이 많이 줄어듭니다. 칭찬을 들어서 기분이 좋아진 사람은 나쁜 말을 하지 않게 되죠.

하지만 형식적인 칭찬은 안 돼요. 마음을 담아 진심으로 해야죠.

"저는 엄마 자식으로 태어나서 행복해요. 엄마는 저에게 최고의 엄마니까요."

"엄마, 저를 기르느라고 고생 많으시죠. 엄마가 아니었으면 저는 세상에 없었을 거예요. 낳아 주고 길러 주셔서 진심으로 감사해요."

"매일 저를 건강하게 돌봐 주셔서 얼마나 고마운지 모르겠어요. 두 분은 정말 좋은 엄마 아빠예요."

5. 낼모레면 중학생인데 그걸 못하니?

꼭꼭 숨은 엄마 아빠 마음

　엄마 아빠가 편하려고 야단치는 건 아니에요. 엄마가 양말을 세탁기에 넣는 게 힘들어서 짜증을 낸 건 아니죠. 정말 싫었던 것은 우리가 앞가림을 못한다는 거예요.

　엄마 아빠는 우리가 독립하기를 바랍니다. 독립은 혼자 힘으로 일어선다는 뜻이에요. 남에게 기대지 않고 스스로 자기 일을 알아서 하는 게 독립이죠. 혼자 날아다니며 먹이를 구하는 새도 어미 새에게서 독립을 한 거예요. 숲속에서 사냥하는 호랑이도 독립적이고요.

　왜 엄마 아빠가 우리 독립을 바라냐고요? 우리는 언젠가 엄마 아빠 없이 살아야 해요. 스스로 빨래도 하고 밥도 챙겨 먹어야 해요. 더 어려운 일들도 혼자 다 해내야 해요. 독립 준비를 빨리 시키고 싶은 게 엄마 아빠 마음입니다. 그래서 자기 일을 못하는 자녀에게 화를 냅니다. 안타까운 마음에 그 정도도 못하냐고 구박하는 거예요.

> "너는 몇 살인데 그걸 못하니?"
> = 이제는 너의 일은 스스로 해야 한다.
> 그래야 훌륭한 어른이 될 수 있어.
> = 엄마가 도와주고 싶지만 너도 이제 독립적이어야 한다.

 도와주는 게 귀찮고 싫어서가 아니에요. 빨리 어른이 되라고 독촉하는 것뿐이에요. 그게 엄마 아빠의 진심이죠. 물론 우리는 다르게 듣지만요.

짜증 폭발 어린이 마음

"넌 몇 살인데 그걸 못하니?"라는 말을 들으면 기분이 나빠요. "낼모레면 중학생인데 그걸 못하니?"도 역시 불쾌한 야단이죠. 왜 기분이 나쁠까요? 부족한 아이로 취급당하니까 그런 거예요.

> "너는 몇 살인데 그걸 못하니?"
> = 너는 이상한 아이다. 그 쉬운 걸 못하니?
> = 그 나이에 그걸 못해? 너는 모자란 아이 같다.

이런 말은 놀리는 것 같고 모욕감을 느끼게 만들어요. "낼모레면 중학생인데 그걸 못하니?"도 다르지 않아요. "아직도 아기처럼 어리게 행동한다"는 뜻을 담고 있어요. 자존심이 무척 상하고 기분 나쁘죠. 우리 이야기를 제대로 들어 보지도 않고 비난하는 건 엄마 아빠가 너무 성급한 것 같아요. 이유가 있을 수도 있잖아요.

✓ 놀리면 안 된다고 말한다

　엄마 아빠라도 자녀를 놀리면 안 되겠죠? 비웃지도 말아야 해요. 서로 존중하면서 대화하는 게 맞아요. 그 쉬운 걸 엄마 아빠는 자주 잊어요. 우리가 끊임없이 알려 줘야 잔소리와 꾸중을 줄일 수 있어요.

　"저는 아직 어려서 못하는 게 많아요. 그래도 엄마 아빠가 저를 비웃으면 될까요? 존중하면서 대화하는 게 맞는 것 같아요. 저는 자존심이 많이 상했어요. 앞으로는 저를 존중해 주세요."

✓ 속상하다고 정확히 말한다

　엄마 아빠의 꾸중을 들었을 때 자기 감정이 어떤지 살펴야 해요. 자신의 기분을 정확히 표현하는 게 잔소리 대처법의 기본이에요. 이 책에서 여러 번 강조하는 내용이죠. 그런데 예의는 잃지 말아야 해요. 이렇게 말해 보세요.

"낼모레 중학생이 그것도 못하니"라고 하셨어요. 그런 말을 들으면 속이 상해요. 하루 종일 우울했어요. 몸에 힘도 하나도 없었고요. 제발 저를 놀리지 말아 주세요."

"아까 "동생보다 하는 짓이 어리다"라고 하셨죠? 그렇게 꾸중을 듣고 나서 부끄러웠어요. 저 자신이 창피했다고요. 아빠 눈에는 제가 아기처럼 유치한가요? 어린 동생보다 제가 철이 없나요?"

✅ 기분 좋은 말을 제안한다

엄마 아빠가 꾸중하는 이유 중 하나는 어떻게 말해야 할지 몰라서입니다. 기분 좋게 응원하는 방법을 알려 드리면 괴로운 잔소리가 줄어듭니다. 이렇게 말해 보세요.

"넌 아직 그것도 못하니?" 하는 말 대신에 "이건 이렇게 하면 된단다"라고 가르쳐 주세요."

"낼모레 중학생이 이것도 못해?" 하고 놀리지 말아 주세요. 대신 "네 나이에는 이건 할 수 있어야 한다. 한번 다시 해 봐라."라고 말씀해 주세요. 그래야 제가 용기가 생기죠."

✅ 이해하고 약속하고 주장한다

여러 번 반복하는 이 책의 핵심 내용입니다. 야단치는 엄마 아빠에게는 3단계로 답해야 합니다. 이해하고 약속하고 주장하는 것이죠. 예를 들어서 아래처럼 말하면 됩니다.

"제가 아직 어린아이처럼 행동해서 걱정이 되시죠. 엄마 마음 알겠어요.(이해) 내일부터는 조금 더 노력할게요. 한번에 고쳐지지 않겠지만 최선을 다할 거예요.(약속) 하지만 '넌 몇 살인데 그 모양이니?'라는 말은 하지 말아 주세요.(주장) 저를 멍청하다고 놀리는 것 같아서 너무 슬퍼져요."

✅ 따뜻한 말을 해 달라고 부탁한다

어린이를 심하게 괴롭히는 게 아동 학대입니다. 매로 때리면 신체적 아동 학대이고요, 말로 때리면 정서적 아동 학대예요. 말로 때린다는 게 뭘까요? 어른이 어린이를 비난하고 놀리고 괴롭히는 말을 하면 정서적 아동 학대라는 거죠.

"너는 몇 살인데 그것도 못하니?"라는 꾸중이 꼭 아동 학대는 아닐 거예요. 나이에 알맞은 행동을 하라는 충고겠지요. 하지만 그런 꾸중이

심해지고 자주 반복되면 안 돼요. 아동 학대가 될 수 있으니까요. 어른은 어린이 정서를 해치는 나쁜 말은 하지 말아야 해요. 그 사실을 엄마 아빠에게 알려 주는 게 좋겠어요.

"아까 '너는 다섯 살짜리 어린애 같다'고 야단쳤어요. 또 지난번에는 '바보같이 그것도 못하냐?'라고 혼냈어요. 그런 말을 자주 하면 제 마음이 많이 아파요. 슬프고 괴로워요. 엄마 아빠는 저를 사랑하잖아요. 제 마음도 헤아려서 따뜻하게 말해 주세요."

6. 너 잘되라고 혼내는 거다

꼭꼭 숨은 엄마 아빠 마음

"너를 위해서 혼낸다"는 말을 들으면 어떤 느낌이 드나요?

아마 화가 나거나 약 오를 수 있어요. 병 주고 약 주는 것 같으니까요. 예를 들어서 친구가 내 팔을 아프게 꼬집으면서 "너를 위해서 꼬집는 거야"라고 해 봐요. 화가 부글부글 끓어오를 수밖에 없겠죠.

엄마 아빠는 왜 그런 짜증스런 말을 하는 걸까요? 중요한 이유가 있답니다. 그건 엄마 아빠를 미워하지 않기를 바라기 때문이에요.

우리는 모르지만 엄마 아빠는 혼낼 때마다 몹시 걱정해요. 아프게 꾸짖으면 우리 마음에 미움이 자랄 것 같아서죠. 딸 아들의 미움을 받는 건 엄마 아빠에게는 아주 슬프고도 무서운 일입니다.

> "너를 위해서 혼내는 거야."
> = 엄마 마음 알지? 야단쳤다고 엄마를 미워하지 말아 줘.
> = 야단맞아서 속상하지? 아빠를 좀 이해해 줘.

어쩔 수 없이 야단치는 거니까 이해해 달라는 뜻이에요. 그런 뜻이라면 친절하게 부탁해도 되잖아요. "엄마 아빠를 미워하지 말아줘"라고 말하면 되는 거예요.

그런데 엄마 아빠의 입에서는 퉁명스러운 말이 튀어나와서 어린이를 쥐어박아요. 어린이들은 부탁하고 싶어요.

"엄마 아빠, 친절하고 다정하게 말해 주세요. 그래야 잘 알아들으니까요."

짜증 폭발 어린이 마음

"너를 위해서 혼내는 거야"는 우리가 가장 싫어하는 말에 속해요. 그 말은 우리에게 이렇게 들려요.

> "너를 위해서 혼내는 거야."
> = 혼나는 걸 기뻐해라.
> = 야단쳐 주는 부모에게 깊이 감사해라.

우리는 이해할 수 없어요. 야단을 맞으면서 고마워할 수 있을까요? 벌을 세우는 아빠에게 감사하는 사람이 정말 있나요? 다 말도 안 되는 이야기 같아요.

"너를 위해서 혼내는 거야"라는 말이 너무 싫어요. 엉터리 말 같아서 견딜 수 없어요. 차라리 그런 말은 하지 말고 그냥 혼내기만 하는 게 더 낫겠어요.

✅ 엄마 아빠와 친해지고 싶다고 말한다

사랑의 매는 어린이에게 해로워요. 사랑의 꾸중도 마찬가지죠. 꾸중을 많이 하면 사랑이 전달되지 않아요. 부모와 자녀의 관계도 나빠지게 돼요. 예의를 지키면서 말해 보세요.

"그래요. 저를 사랑해서 혼내는 거겠죠. 그런데 야단맞으면 힘이 빠져요. 공부도 하기 싫고 밥맛도 없어요. 또 제가 쓸모없게 느껴져요. 엄마 아빠는 그런 기분을 알아요?"

"저를 바르게 키우기 위해서 혼내는 건 알아요. 하지만 야단을 맞으면 마음이 아파요. 그런데 아픈 것보다 더 싫은 게 있어요. 엄마 아빠가 아주 멀게 느껴져요. 저는 엄마 아빠와 친하게 지내고 싶어요. 저를 밀어내지 마세요. 제발."

"엄마 아빠의 어린 시절에는 사랑의 매를 때리거나 혼내는 게 당연했을지 모르지만 이제 시대도 변하고 대화로 푸는 게 민주적 방법이에요."

✓ 야단맞으면 상처받는다고 말한다

엄마 아빠는 자녀를 위해서 혼낸다고 말해요. 하지만 너무 자주 꾸짖으면 자녀가 행복할 수 없어요. 평생 불행하게 살 수도 있죠. 그 사실을 알려 드리세요.

"저를 위해서 혼내는 거 알아요. 올바르게 행동하라고 야단치는 거잖아요. 그런데 너무 야단치면 제 가슴에 큰 상처가 남아요. 평생 아파서 불행하게 살 수도 있대요. 제가 그렇게 되길 원하시나요? 시험 성적이 떨어졌다고 불같이 화내면서 벌세우지 마세요. 대신 위로하고 격려해 주세요. 부탁 드려요."

✓ 소리치는 엄마 아빠는 너무 무섭다고 고백한다

우리가 엄마 아빠에게 드리는 가장 큰 선물은 사랑이에요. 엄마 아빠는 자녀가 사랑해 주기를 가장 원하죠. 그런데 자주 혼내는 엄마 아빠를 사랑할 수 있을까요? 어려워요. 불가능할지도 몰라요.

예를 들어 어떤 사람이 강아지를 훈련시킨다고 해 봐요. 반려인들은 사랑하는 강아지와 잘 지내고 싶어서 훈련을 시킵니다. 그런데 때리면서 가르치면 어떻게 될까요? 강아지는 사람을 싫어하게 될 거예요. 사나워질 수도 있고요.

　자녀 교육도 똑같아요. 야단치는 엄마 아빠의 뜻은 좋아요. 사랑하는 아이를 바르게 키우고 싶어 야단치는 거예요. 그런데 너무 자주 꾸짖으면 우리는 엄마 아빠를 싫어하게 돼요. 반항하고 삐뚤어질 수도 있어요.

　그러니까 혼내는 일을 꼭 줄여야 해요. 대신 친절하게 말하는 게 좋아요. 따뜻하게 대해 줘야 강아지나 사람이나 따뜻한 마음을 갖게 되는 거죠. 이렇게 말씀 드려 보세요.

　"강아지를 자주 때리면서 훈련시키면 어떻게 될까요? 사람을 싫어하지 않을까요? 자주 혼나는 어린이도 비슷하다고 생각해요. 엄마 아빠를 피하고 싶을 거예요. 매일 혼내는 엄마 아빠를 어떻게 사랑할 수 있겠어요? 정말 저를 위한다면 무섭게 소리 지르지 마세요. 사랑으로 대해 주세요. 저에게 사랑을 가르쳐 주세요."

　"감기약을 하루에 5번 먹으면 어떻게 될까요? 건강을 해칠 거예요. 꾸중도 너무 자주 하시면 안 돼요. 도리어 해를 끼치게 될 테니까요. 야단맞고 자란 아이는 엄마 아빠를 싫어하게 된대요. 저는 엄마 아빠를 사랑하고 싶어요. 정말 저를 위한다면 가끔만 혼내 주세요. 그렇게 해 줄 수 있나요?"

✅ 위로해 달라고 부탁한다

꾸중을 듣고 마음을 다친 어린이에게 필요한 것은 위로입니다. 야단친 후에는 포근하게 위로해 달라고 부탁해 보세요.

"저는 꾸중을 듣고 나면 시무룩해져요. 아무것도 하기 싫어요. 그럴 때는 위로해 주세요. 어떻게 하냐고요? '야단맞아서 많이 슬프지? 엄마도 어렸을 적에 똑같은 경험이 많아서 네 마음 잘 안다. 힘내. 그리고 미안하다.'라고 해 주세요. 제 마음이 금방 밝아질 거예요."

상처가 나면 약을 바르듯이 혼나고 난 뒤 상처받은 마음은 엄마 아빠의 따스한 위로와 격려가 좋은 약이 될 거예요.

7. 너는 엄마 아빠 고마운 줄 모른다

꼭꼭 숨은 엄마 아빠 마음

어린이는 생일 선물이 마음에 차지 않는다고 솔직히 말했어요. 솔직한 건 아주 좋은 태도예요. 그런데 아빠는 삐치신 것 같네요. 어린이가 고마워해 주지 않아서 섭섭했던 거예요.

우리가 모르는 엄마 아빠의 비밀이 하나 있어요. 우리 눈에는 엄마 아빠가 슈퍼 영웅처럼 아주 강해 보이죠. 그런데 사실 엄마 아빠는 자주 힘들어요. 자녀 키우는 일이 힘에 부치기 때문이죠.

자녀 키우는 일은 쉬운 일이 아니에요. 여러분이 강아지를 매일 씻기고 먹이고 돌봐 준다고 생각해 보세요. 아주 힘들겠죠? 엄마 아빠도 자녀를 키우는 게 행복하면서도 고단해요. 몸이 피로하고 마음이 지칠 때가 많아요.

그때 필요한 게 뭘까요? 선물? 안마? 노래 한 곡? 그것도 좋겠지만 뭐니 뭐니 해도 최고의 선물은 감사예요. 감사하다는 말만 들으면 엄마 아빠는 다시 힘이 납니다. 자녀를 보살필 에너지가 펑펑 솟아나게 되죠.

엄마 아빠는 고맙다는 말에 목말라 있어요. 그런데 그 말을 자주 못 들으면 어떨까요? 쉽게 화가 나고 삐치게 되죠. '너는 엄마 아빠 고마운 줄 왜 몰라?'라고 소리소리 지를 때 엄마 아빠가 딱 이런 기분입니다.

   이제 잔소리의 속뜻이 분명해졌죠? 고마워해 달라는 부탁이 숨어 있는 거예요.

"너는 엄마 아빠 고마운 줄 모른다"
= 엄마 아빠는 너 키우느라 고생하고 있어. 힘들다. 좀 알아줘.
= 고맙다고 말해 주면 안 되겠니? 엄마 아빠가 힘이 날 텐데.

짜증 폭발 어린이 마음

"고마운 줄 모른다"라는 꾸중은 고마워해 달라는 부탁입니다. 하지만 꾸중을 들은 어린이는 괴로워요. 속이 부글부글 끓어오르게 됩니다. 나쁜 뜻으로 들리기 때문이죠.

> "너는 엄마 아빠 고마운 줄 모른다"
> = 너는 고마움도 모르는 나쁜 아이다.
> = 너는 매일 불평만 한다. 어쩌면 그렇게 양심도 없지?

이런 잔소리는 어린이에게 상처를 줍니다. 나쁜 아이라는 비난으로 들리는 탓이죠. 감사는 모르고 욕심만 부리는 아이로 취급받으면 누가 기분이 좋겠어요.

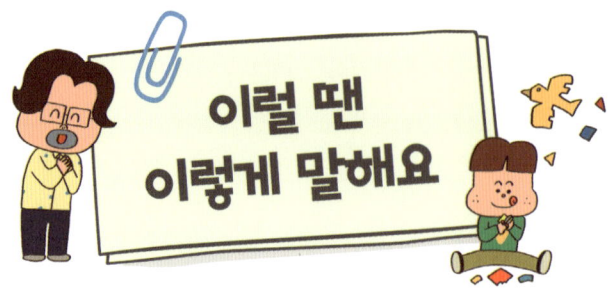

✅ 진심으로 고마워한다

　엄마 아빠는 고맙다는 말에 목말라 있어요. 그러니 고맙다는 말을 자주 해 드리면 아주 좋아할 겁니다. 기분이 좋아진 엄마 아빠는 친절한 엄마 아빠로 변신할 거예요.

　그런데 조건을 달 필요는 있어요. 나쁜 아이로 취급하지 말라고 부탁드리는 거예요.

　"왜 제가 감사함을 모르겠어요? 엄마 아빠에게 항상 감사해요. 투정을 부릴 때도 있지만 감사한 마음을 잊지 않고 있어요. 그러니 고마운 줄 모르는 나쁜 아이라고 야단치지는 마세요. 너무 억울해요."

　"정말 감사해요. 엄마 아빠가 우리를 위해 돈을 버느라고 고생하시잖아요. 제가 감사도 모르는 아이는 아니에요."

　"엄마 아빠, 평소에 쑥스러워서 감사하다는 말을 잘하지 못했어요. 하지만 마음속으로 늘 감사하고 있어요."

✅ 타이르는 방법을 예의 바르게 말한다

"너는 엄마 아빠 고마운 줄 모른다"는 듣기 좋은 말이 아니에요.

"엄마, 이렇게 말해 줘요. '사랑하는 아들아, 엄마 아빠에게 감사하는 마음을 가져라.' 어떤가요? 훨씬 듣기 좋은 말이죠?"

"아빠, 이렇게 말하는 건 어떨까요? '사랑하는 딸아, 엄마 아빠는 최선을 다하고 있어. 가끔 고맙다고 말해 줘.' 훨씬 듣기 좋을 거 같아요."

✅ 감사한 일을 구체적으로 말한다

엄마 아빠에게 감사 인사를 할 땐 무엇이 감사했는지 구체적으로 말해야 해요. 그러면 엄마 아빠가 더 행복해할 거예요. 게다가 그 행동을 반복하게 될 겁니다.

예를 들어서 "그날 사 주신 치킨이 너무 맛있어서 감동했어요"라고 말하는 것이죠. 엄마 아빠는 다음에 치킨을 또 시켜 주고 싶을 거예요. "나를 따뜻하게 대해 주셨을 때 감동했어요"고 말해도 돼요. 엄마 아빠가 또 따뜻한 말을 해 줄 거예요.

"지난번에 제가 좋아하는 인형을 사 준 거 정말 감사해요. 그날은 기뻐서 잠을 못 잤어요."

"어제 해 준 샐러드는 아주 맛있었어요. 그걸 먹고 힘이 났어요. 감사해요."

"아침에 제가 실수를 했는데도 야단 안 치고 타일러 주었죠. 고마웠어요."

"어제 학원 가기 싫다고 했는데 저를 야단치지 않고 이해한다고 말해 줘서 감동했어요. 엄마, 고마워요."

무엇이 감사한지 구체적으로 말해 봐요. 그러면 엄마 아빠는 잘해 주고 싶은 마음이 생길 거예요. 앞으로는 야단 대신에 타일러야겠다고 생각할 거예요. 구체적인 감사가 엄마 아빠를 바꿉니다.

8. 너는 왜 아무것도 아닌 일에 짜증 내니?

# 꼭꼭 숨은 엄마 아빠 마음

"작은 일에 화내면 어떡하니?"

"답답하다. 왜 그렇게 하찮은 일에 신경 쓰니?"

"선물을 받았으면 활짝 웃으면서 기뻐해 봐라."

"왜 작은 일에 짜증을 내니?"만큼이나 짜증 나는 말들입니다. 엄마 아빠는 우리 감정에 간섭해요. 마음의 화나 짜증을 지워 버리라고 요구해요. 그럴 때 아주 답답하죠.

많은 엄마 아빠가 착각합니다. 자녀의 감정을 통제할 수 있다고 믿는 거죠. 통제한다는 건 원하는 대로 움직인다는 뜻이에요. 엄마 아빠가 우리의 감정을 통제할 힘이 있을까요? 그런 힘은 어떤 엄마 아빠에게도 없어요.

사람이 반려견의 마음을 어찌할 수 없지요. 무서워서 구석에 숨은 강아지가 있다고 해 봐요.

억지로 끌어내면 강아지에게 용기가 생길까요? 아니죠. "겁먹지 말고 이리로 당장 나와!"라고 명령한다고 용감해질까요? 아닙니다. 강아지는 오히려 더 겁이 나서 벌벌 떨게 될 거예요. 어떻게 해야 할까요? 기다려 줘야 해요. 강아지의 마음에서 두려움이 사라질 때까지 쓰다듬으면서 가만히 있어야 하는 거예요.

이번에는 무서워서 울고 있는 어린이가 있다고 해 봐요. 아빠가 "당장 무서워하지 마"라고 명령한다고 무서움이 사라질까요? 아닙니다. 엄마가 "뭐 그런 일로 울고 있니?"라고 야단치면 슬픔이 사라질까요? 아니에요. 방법은 기다리는 것뿐이에요. 무서움을 이겨 낼 때까지 기다려 줘야 해요. 그때까지 엄마 아빠가 토닥여 주면 더 좋고요.

슬픔, 기쁨, 화 같은 감정은 강물과 같습니다. 멈출 수가 없어요. 큰 댐을 세워 놓아도 결국 넘쳐흐르죠. 감정은 막을 수 있는 게 아니에요. 흘러가도록 가만히 둬야 하는 것이죠.

그런데 어떤 엄마 아빠는 우리 마음의 강에 댐을 지으려고 합니다. 감정에 간섭하려는 것입니다. 잘못된 생각이에요.

어린이의 감정을 대하는 엄마 아빠의 태도는 두 종류입니다. 바로 무시하기와 존중하기입니다.

어린이의 감정을 무시하는 엄마 아빠의 마음

아들이 친구와 싸워 울고 있다.
마음이 무척 아플 거다. 빨리 못 울게 해야 한다.

"뭐 그런 걸로 울어? 아무것도 아니야. 당장 그쳐!"

어린이의 감정을 존중하는 엄마 아빠의 마음

**아들이 친구와 싸워 대성통곡이다.
아들의 마음이 아플 거다. 기다려 줘야 한다.**

"많이 슬프구나. 울고 싶으면 울어라. 실컷 울고 다시 힘을 내도록 하자."

어느 쪽이 나을까요? 우리 감정을 존중하는 게 좋겠지요. 하지만 엄마 아빠는 가끔 우리 감정을 무시합니다. 당장 울음을 그치라면서 우리 감정을 틀어막아요.

짜증 폭발 어린이 마음

감정은 자연스럽게 생기는 것입니다. 예를 들어서 하품과 비슷해요. 하품은 저절로 생기는 것이라 막는 것도 불가능하죠. 사람에게는 감정의 자유가 있습니다.

화, 기쁨, 슬픔, 짜증을 느끼는 건 나의 자유입니다. 누가 막을 수도 없고 막아서도 안 되죠. 물론 화가 난다고 물건을 던지거나 남을 때리면 안 됩니다. 화가 났다면 차분히 말로 표현해야 해요.

화를 지워 버릴 수는 없습니다. 엄마 아빠가 "너의 마음에서 화를 지워"라고 명령한다고 화가 삭제되지 않아요. 슬픔도 억지로 지울 수 없어요. 짜증이나 두려움도 똑같죠.

그런데 많은 어른들이 감정을 빨리 없애라고 강요합니다. "뭐 그런 거 갖고 슬퍼해?"라면서 말이죠. 우리는 마음이 답답해집니다.

"너는 왜 아무것도 아닌 일에 짜증 내니?"도 마찬가지예요. 아무것도 아닌지 중요한 일인지는 본인이 판단하는 거예요. 엄마 아빠가 결정할 수 있는 게 아니죠.

> "너는 왜 아무것도 아닌 일에 짜증 내니?"
> = 너는 네 감정을 결정할 권리가 없어.
> = 짜증 내지 마! 당장 웃어!

엄마 아빠는 왜 우리 감정에 간섭하려는 걸까요?

그건 안쓰러워서 그래요. 슬프거나 짜증이 났거나 괴로워하는 우리가 너무 안타까우니까요. 엄마 아빠는 딸 아들의 아픈 마음이 빨리 나아지길 바라지요.

그런데 아무리 사랑의 참견이라고 해도 남의 감정을 결정하려는 건 옳지 않아요. 감정을 무시당하는 것 같아서 싫어요. 우리는 존중받기를 원해요. 슬프면 슬픈 대로 기쁘면 기쁜 대로 가만히 놔두라고 엄마 아빠에게 부탁드리고 싶어요.

✓ 감정 존중을 요청한다

　엄마 아빠에게 우리 감정을 존중해 달라고 부탁드리면 좋아요. 존중이란 상대방을 인정하고 귀하게 여기는 마음이에요. 엄마 아빠가 감정을 존중해 주면 우리두 무척 행복해집니다.

　"슬퍼할 일이 아니라고요? 마음이 슬퍼지는 걸 어떡해요? 슬퍼하지 말라고 강요하지 마세요. 슬퍼하면 그냥 놔두면 되는 거예요. 엄마 아빠도 제 감정을 존중해야 하지 않을까요?"

　"저는 그 친구가 짜증 나요. 당연히 친구들이랑 사이좋게 지내야겠죠. 하지만 싫은 걸 어떡해요. 제 감정을 존중해 주세요. 억지로 친해지라고 명령하지 마세요. 시간이 지나면 천천히 좋아질 거예요. 기다려 주세요."

✅ 감정의 다양성을 설명한다

　사람마다 눈코입 모양이 다르듯이 감정도 다양하죠. 똑같은 일이 일어나도 사람마다 느끼는 감정이 달라요. 그걸 설명하면 엄마 아빠도 납득할 거예요.

　"아빠, 같은 영화를 보고서도 우는 아이가 있고 무표정한 아이도 있어요. 사람마다 감정이 모두 다른 거예요. 아빠와 저의 감정도 달라요. 아빠처럼 느끼라고 요구하지 말아 주세요."

✅ 경계선을 긋는다

　아무리 엄마 아빠라도 모든 걸 간섭하면 안 됩니다. 심한 간섭은 싫다고 말해 보세요. 일기 훔쳐보기, 노크 없이 방 들어오기, 휴대 전화 비밀번호 요구하기 같은 게 싫으면 선을 그어야 하는 것이죠. 그런 경계선은 사랑하는 사람 사이에도 가끔 필요하답니다.

　"엄마 아빠, 저를 사랑해서 간섭한다는 건 잘 알아요. 하지만 감정까지 간섭하지는 마세요. 기쁘거나 슬프거나 놔두면 돼요. 이래라저래라 하지 마세요. 아시겠죠?"

　"아빠, 저도 이제 어린아이가 아니에요. 사생활이 있어요. 타인의 사생활을 침해하면 안 되는 거 아시죠? 제 방에 들어올 때 노크해 주세요. 또 제 일기장은 절대로 훔쳐보시면 안 돼요. 제발 부탁드려요."

✅ 역지사지를 해 보라고 요청한다

역지사지는 상대방과 서로 처지를 바꿔서 생각하는 걸 말해요.

"엄마는 할머니가 감정에 간섭하면 어떻겠어요? '너는 지금부터 기뻐해라'라고 할머니가 시키면 엄마 기분이 좋을까요? 또 '그건 슬퍼할 일이 아니다'라면서 울지 못하게 막으면 기분이 어떨까요? 좋지 않을 거예요. 저도 그래요. 제 감정에 참견하면 싫어요."

✅ 자율을 원한다고 말한다

초등학교 고학년이 되면 자율을 원해요. 자신의 일을 자신이 결정하고 싶은 것이죠. 어른이 되어 간다는 증거예요. 엄마 아빠에게 이렇게 말해 보세요.

"엄마 아빠, 저에게 중요한 것은 자율성이에요. 엄마 아빠가 시킨다고 무조건 따를 수는 없어요. 제가 생각하고 결정하고 싶어요. 하나에서 열까지 간섭하고 가르치려고 하지 마세요. 그러면 스트레스를 받고 괴로워요. 제발 제가 스스로 할 수 있게 도와주세요."

"저도 언제까지 어린애로 지낼 수는 없잖아요. 엄마 아빠가 시키는 대로만 하면 독립적이고 자율적으로 자라나지 못한다고요."

9. 누가 들으면 공부 잘하는 줄 알겠다

# 꼭꼭 숨은 엄마 아빠 마음

"누가 들으면 공부 잘하는 줄 알겠다"에는 놀리는 마음이 숨어 있어요. 아무리 엄마 아빠라도 그렇게 비웃으면 안 되는 거예요. 우리도 감정이 있으니까 당연히 속상할 수밖에 없어요.

엄마 아빠가 놀리면서 자녀를 아프게 하는 이유는 뭘까요. 엄마 아빠가 다른 사람의 눈치를 보기 때문이에요. 남이 우리 가족을 어떻게 평가할지 걱정하는 엄마 아빠가 많아요. 그러면 이런 걱정을 하게 되죠.

"사람들이 우리 가족을 어떻게 볼까?"

"우리 딸이 공부 못한다고 비웃는 건 아닐까?"

"우리 아들이 코를 자주 후빈다고 쑥덕대지 않을까?"

모두는 아니지만 대부분의 엄마 아빠가 남들이 하는 말에 신경 써요. 주변 사람이 지켜보면서 평가를 한다고 상상하는 거예요. 그런 엄마 아빠는 우리를 이렇게 꾸짖어요.

"누가 들으면 공부 1등인 줄 알겠다."

"어떻게 그런 행동을 하니? 남들이 욕해."

"이것도 점수라고 받았니? 엄마가 다 부끄럽다."

물론 올바르게 행동하고 성실하게 공부하라는 뜻도 있어요. 하지만 왜 남들 눈치를 보나요? 우리 가족의 행복한 기준을 함께 만들어 보세요.

　사실 엄마 아빠도 우리를 키우는 게 처음이라 서투를 수 있어요. 그래서 혹시 잘못 키우고 있는 게 아닐까 두렵고 겁이 나죠. 그러다 보면 남들이 하는 말 한마디에 예민해지고 눈치를 볼 수도 있을 거예요.

짜증 폭발 어린이 마음

"남들이 들으면 공부 잘하는 줄 알겠다"는 우리의 짜증 폭탄을 터뜨려요. 첫 번째 이유는 "너는 공부 못하잖아"라는 놀림이기 때문이고, 두 번째 이유는 더 심각한데 "나는 네가 부끄럽다"는 뜻이기 때문이에요. 엄마 아빠가 나를 놀리는 건 어떻게든 참아도 부끄러워하는 건 견디기 힘들어요. 아주 슬픈 일이죠. 나를 숨기고 싶다는 뜻이니까요.

> "남들이 들으면 공부 잘하는 줄 알겠다"
> = 공부를 못하는 너 때문에 엄마 아빠도 창피하다.
> = 너는 부끄러운 아이다.

엄마 아빠의 수치심, 즉 부끄러운 마음이 우리 자존감을 추락시켜요. 엄마 아빠가 우리를 부끄러워하면 우리 자신도 부끄러운 아이라고 생각하게 되니까요.

✅ 남과 비교하지 말아 달라고 부탁한다

엄마 아빠 잔소리의 숨은 뜻이 나쁘다고 지적해 보세요. 남과 비교하고 남들의 평가를 중요하게 생각하는 것은 올바르지 않다고요.

"누가 들으면 공부 잘하는 줄 알겠다고요? 왜 남의 시선을 생각해야죠? 저는 저 자신일 뿐인데요. 공부를 못해서 제가 부끄럽다고 말하면 제 마음이 아파요."

✅ 원하는 표현을 알려 준다

엄마 아빠가 나쁜 잔소리를 못하게 막는 좋은 방법이 있어요. 좋은 잔소리를 알려 주는 겁니다. 예를 들어 볼게요.

"그런 행동을 하면 부끄럽다고 말하지 마세요. 대신 '이런 행동을 해서 자랑스럽다'라고 말해 주세요. 그러면 제가 더 힘이 날 것 같아요."

"저를 부끄러워하지 마세요. 저도 노력을 많이 하니까요. '나는 열심히 노력하는 우리 아들이 자랑스럽다.'라고 말해 주세요. 그러면 저는 더 행복해질 거예요."

✅ 어린이를 존중해야 한다고 알려 준다

엄마 아빠는 어린이를 존중하고 어린이는 엄마 아빠를 존중하면 다툼이 없어집니다.

그럼 존중은 무엇일까요? 존중이란 상대를 인정하고 소중하게 여기는 태도입니다. 친구에게 "너의 생각도 괜찮다"라고 말해 주는 것이죠. 존중의 반대는 무시입니다. 상대를 하찮게 여기는 게 무시죠. "너의 의견은 말도 안 된다"라고 평가하는 건 무시입니다. 엄마 아빠가 우리 의견을 존중하면 얼마나 행복할까요. 이렇게 말해 보세요.

"아빠, 왜 제 의견을 무시하세요? 어린이의 의견도 존중해야 하지 않나요? 저는 존중받고 싶어요. 마음을 열고 제 말을 들어 주세요."

"엄마, 제가 받은 점수가 부끄럽다고요? 앞으로도 공부를 못할 것 같다고요? 저를 무시하지 마세요. "너는 할 수 있어"라고 존중하고 응원해 주세요. 그래야 제가 더 노력할 수 있어요."

✅ 마음의 상처를 씻어 달라고 부탁한다

　몸을 다치면 병원에 가게 돼요. 마음을 다치면 사과로 치료해야죠. 그렇다면 예의를 지키면서 말해 보세요.

　"저를 부끄러운 아이로 생각하는 거 같아요. 제가 말도 안 듣고 공부도 못해서 창피하다고요. 혹시 사과해 주실 수 있나요? 마음의 상처를 씻고 싶어요. 부끄러워서 사과를 잘하지 못해도 이해할게요."

　"엄마 아빠, 그렇게 말하면 마음이 아파요. 평생 잊지 못할 상처가 될 수도 있어요. 제가 빨리 잊도록 사과해 주세요. 그리고 앞으로 그런 말은 하지 말아 주세요."

10. 또 게임이야? 공부를 그렇게 해 봐라

꼭꼭 숨은 엄마 아빠 마음

　엄마 아빠는 '우리 아이가 게임에 빠지게 할 수는 없다. 공부도 인생도 다 포기할 테니까 어떻게든 말려야 한다.'라고 생각하죠. 그래서 귀에 딱지가 앉을 정도로 슈퍼 잔소리를 많이 발명하게 되었어요.

　"또 게임이냐? 맨날 게임만 하니 한심하다."

　"너는 게임밖에 모르니? 게임 중독이야?"

　"또 게임하면 컴퓨터를 부셔 버리겠다."

　어떤 엄마 아빠는 게임에 관대하지만 대부분은 게임을 아주 싫어합니다. 자녀가 게임을 하는 동안 엄마 아빠는 가슴이 답답해요. 신경 안 쓰는 척해도 속이 타들어 가죠.

　우리가 컴퓨터나 휴대 전화를 보고 있으면 엄마 아빠는 속에서 불이 나요. 보이지 않을 뿐 코로 검은 연기가 뿜어져 나오고 머리에서는 김이 모락모락 나요. 하루에도 몇 번씩 불타오르는 엄마 아빠는 극한 직업이에요.

우리에게 게임은 일종의 산소 호흡기입니다. 학원 가고 숙제하고 야단맞느라 하루 종일 숨이 막혔는데 게임이 숨을 트이게 하죠. 그걸 엄마 아빠가 이해하지 못하니 작은 옷을 입은 듯 가슴이 갑갑합니다.

우리가 아주 싫어하는 잔소리는 "게임하듯이 공부해라"입니다. 말도 안 되는 말이에요. 게임과 공부는 전혀 달라요. 게임은 즐거운 일이고 공부는 힘든 일이에요.

엄마에게 텔레비전 드라마 시청은 즐거운 일이고 청소와 설거지는 힘든 일이에요. 그런데 우리가 "텔레비전 보듯이 집안일하세요."라고 말했다고 생각해 봐요. 아마 말도 안 된다고 할 거예요.

✅ 게임의 긍정적인 면을 알려 준다

게임 중독은 위험해요. 몸과 마음에 아주 나쁘죠. 그런데 적당히 게임을 즐기는 것은 두뇌 훈련 효과가 있다고 주장하는 학자도 있어요. 그런 정보들을 엄마 아빠에게 알려 드리면 좋아요. 그리고 게임과 관련된 유망한 직업들도 소개하면 더 설득하기 쉬울 거예요.

한 어린이와 엄마의 가상 대화를 통해서 알아보죠.

- 게임하면 성적 떨어져. 공부 못하는 아이가 된다고.
- 아니에요. 게임하면 성적이 올라요.
- 말도 안 되는 억지 부리지는 마라.
- 제가 다 찾아봤어요. 우리나라 기사에도 많이 나온 이야기예요. 미국 콜롬비아 대학과 프랑스 데카르트 대학의 학자들이 2019년에 연구해서 아주 놀라운 걸 알아냈어요.

🧑 그게 뭔데?

👦 게임을 일주일에 5시간 넘게 하는 초등학생은 성적이 1.88배 높았어요. 게임을 하면 성적이 올라요. 게임을 안 하면 성적이 떨어지고요. 믿기지 않죠? 검색해 보세요.

🧑 게임이 공부를 방해한다고 주장하는 학자도 많아.

👦 게임을 하면 사회성도 높아져요. 이야기할 공통 소재가 생기니까 친구들하고 친하게 지낼 수 있는 거죠. 게임을 안 하면 외톨이가 되기 쉬워요.

🧑 게임만 하는 친구들을 사귀면 뭐 해.

👦 취직을 하려고 해도 게임을 알아야 해요. 게임 만드는 회사들이 아주 많아요. 월급도 많이 준대요. 프로 야구팀에도 NC라고 게임 회사가 있어요. 게임을 통해 진로를 정할 수도 있다고요.

🧑 게임만 하게 내버려 둘 수는 없어. 중독되면 큰일이잖아.

👦 엄마 마음 충분히 이해해요. 하지만 게임 중독이 되지 않게 막는 법이 있대요. 컴퓨터를 엄마 아빠가 볼 수 있는 곳에 두고 일정 시간만 게임하는 규칙을 함께 정하면 돼요.

🧑 일단 알았다. 게임을 못하게 막지는 않을게.

✅ 게임이 고마운 친구라고 소개한다

마음이 지치거나 스트레스받은 우리를 위로하는 친구가 바로 게임이잖아요. 그런 사실을 차근차근 설명하면 엄마 아빠의 태도가 바뀔 수 있어요.

"가끔 마음이 답답할 때가 있어요. 가끔 우울하고 슬프기도 해요. 그럴 때 게임을 잠깐 하고 나면 기분이 좋아져요. 게임이 저에게는 기분 좋은 친구예요. 너무 오랫동안 하지는 않을게요. 약속드려요."

✅ 서로 양보하기로 약속한다

엄마 아빠와 의견이 다를 때는 양보하기로 미리 약속해 보세요. 서로 원하는 걸 조금씩 들어주는 거예요.

"이번 주에 열심히 공부할게요. 그러면 제가 원하는 것도 허락해 주세요. 주말에 3시간 게임하면 좋겠어요. 괜찮죠?"

"독서 2시간 했어요. 꾹 참고 집중했어요. 이제 게임 30분만 할게요."

11. 몇 번을 말해야 알아듣니?

꼭꼭 숨은 엄마 아빠 마음

"왜 말귀를 못 알아들어?" "한두 번 말해서 안 듣는 이유가 뭐야?" "아빠 말이 그렇게 우습냐?" "너는 고집불통이다. 엄마 아빠 말은 죽으라고 안 듣는다."

엄마 아빠는 우리가 한두 번 말하면 척척 알아들을 거라고 기대해요. 그런데 우리는 로봇도 컴퓨터도 아니죠. 명령한다고 척척 따를 수가 없어요.

엄마 아빠는 우리에게 끊임없이 많은 걸 시킵니다. 허리와 고개를 펴고 앉아라, 집에 오면 숙제부터 해라 등등. 그런데 아무리 엄마 아빠가 잔소리해도 우리 행동은 변하지 않죠. 그래서 외치게 됩니다.

"너는 몇 번을 말해야 알아듣니? 엄마 말이 그렇게 우스워?"라고 말이죠. 엄마 아빠가 생각하는 속뜻은 뭘까요?

> "너는 몇 번을 말해야 알아듣니?"
> = 엄마도 지친다. 한두 번만에 들어주면 안 되겠니?
> = 단점을 빨리 고쳐야 훌륭한 사람이 될 수 있는데…….

짜증 폭발 어린이 마음

바르고 훌륭한 사람이 되라는 좋은 말인데 어린이는 왜 짜증이 날까요? 아픈 가시가 숨어 있기 때문이죠.

"너는 몇 번을 말해야 알아듣니?"
= 이해가 안 되니? 혹시 머리가 나쁜 거야?
= 너는 엄마 아빠 말을 계속 무시한다. 버릇없는 아이다.

이런 말은 이해력이 부족하다는 비난처럼 들려요. 또 엄마 아빠 말을 일부러 무시하는 버릇없는 아이가 되는 기분도 들어요. 우리가 정말 머리가 나쁘거나 엄마 아빠를 무시해서 그러는 게 아닌데 말이죠. 엄마 아빠가 화나서 쏟아내는 말은 정말 듣기 싫어요.

✅ 기다려 달라고 부탁한다

앞의 만화에서도 나왔던 이야기지만 인생은 기다림입니다. 원하는 만큼 빨리 이루어지는 것은 거의 없어요. 어린아이는 천천히 자라고 성적은 느리게 오르기 마련입니다.

"원래 사람이 바뀌려면 시간이 걸려요. 너무 조급해하지 마세요."

"너무 서두르지 마세요. 한두 번 말해서 버릇을 고치기는 힘들대요."

"여러 번 말하는 게 힘드시죠. 그러면 편지를 써 주실 수 있나요? 제가 여러 번 읽고 나쁜 버릇을 조금씩 고쳐 볼게요."

✅ 노력하고 있다고 말한다

엄마 아빠는 무시당하는 것 같아서 속상합니다. 실은 우리도 엄마 아빠 말을 따르려고 노력하는데 그걸 모르는 거죠. 우리가 애쓴다는 걸 알려 드리면 엄마 아빠도 기뻐할 겁니다.

"엄마, 저도 노력하고 있어요. 그런데 허리를 펴고 앉는 게 쉽지 않네요. 습관이 들었나 봐요. 그래도 노력할게요."

"집에 오자마자 숙제부터 하지 않고 놀아서 속상하시죠. 하지만 저도 노력하고 있어요. 공부는 힘든 일인 것 같아요. 너무 하기 싫더라고요. 그래도 포기하지 않고 노력할게요. 너무 다그치지 말아 주세요."

✅ 엄마 아빠의 감정을 이해한다

"몇 번을 말해야 알아듣니?"라고 했을 때 엄마 아빠의 감정은 뭘까요? 여러 가지 감정들이 들겠지만 주로 피로감을 느낄 거예요. 그럴 때 "피곤하시죠"라고 공감해 주기만 해도 엄마 아빠는 감동합니다.

"제가 말을 듣지 않아서 피곤한 것 같아요. 엄마를 지치게 해서 미안해요. 저는 그럴 생각은 없는데 자꾸 엄마를 힘들게 만드네요."

"아빠, 회사일 때문에 많이 힘드시죠. 저까지 말을 듣지 않아 괴로우신 것 같아요. 저희를 위해 애쓰시는 것 알고 있어요."

✅ 엄마 아빠를 안심시켜 준다

잔소리가 많은 것은 그만큼 걱정이 많다는 뜻이에요. 걱정이 줄어들면 꾸중과 잔소리도 줄어들겠죠. 엄마 아빠를 안심시켜 보세요.

"엄마 아빠, 걱정해 주셔서 감사해요. 그런데 걱정은 건강에 아주 해롭잖아요. 엄마 아빠가 아플까 봐 불안해요. 제가 더 노력할 테니까 믿고 맡겨 주세요."

"엄마는 제가 채소를 먹지 않으면 건강을 해칠까 봐 걱정되죠? 그런데 채소를 억지로 먹기는 정말 싫어요. 또 밥 먹을 때마다 잔소리를 하면 식욕이 떨어져요. 밥은 편하고 맛있게 먹어야 건강에 좋잖아요. 너무 불안해하지 마세요. 운동 열심히 할게요. 좀 더 자라면 채소도 스스로 먹을게요. 안심하고 기다려 주세요."

12. 뭘 잘했다고 울어? 웃긴 또 왜 웃어?

꼭꼭 숨은 엄마 아빠 마음

우리는 알게 모르게 엄마 아빠의 눈치를 보면서 삽니다. 화가 났는지 아니면 걱정이 있는지 항상 살펴보게 돼요.

그런데 엄마 아빠도 우리와 똑같아요. 우리 눈치를 봐요. 우리 표정을 보면서 화가 났는지, 슬픈지, 기분이 언짢은지 살핍니다. 엄마 아빠가 우리 눈치를 보는 건 우리를 사랑하고 염려하기 때문이에요.

야단을 치면서도 그래요. 엄마 아빠는 우리 표정을 자세히 살펴봅니다. 우리가 울면 무얼 잘못했는지 모르고 억울하다는 뜻일까 봐 걱정하죠.

우리가 웃어도 문제예요. 엄마 아빠 말을 우습게 여기는 것 같아서 신경 쓰여요. 또 입을 내밀면 우리가 몰래 반항심을 품는 게 아닐까 염려되죠.

엄마 아빠는 우리 표정을 보면서 머리가 복잡해지죠. 온갖 걱정 때문에 힘들어요. 엄마 아빠의 마음은 어떻게 변화할까요?

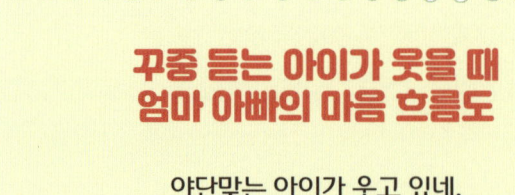

**꾸중 듣는 아이가 웃을 때
엄마 아빠의 마음 흐름도**

야단맞는 아이가 웃고 있네.
▼
내 말을 우습게 생각하는 걸까?
▼
우습게 보여서는 안 돼. 무섭게 소리를 질러야 해.

"왜 웃어? 네가 뭘 잘했다고 웃어?"

**꾸중 듣는 아이가 울 때
엄마 아빠의 마음 흐름도**

야단맞는 아이가 큰 소리로 엉엉 울기 시작하네.
▼
앗. 나도 어릴 때 억울해서 울었던 적이 있다.
▼
내 아이도 억울하다는 뜻일까?
뭘 잘못했는지 더 강하게 알려 줘야겠다.

"뭘 잘했다고 울어?"

엄마 아빠는 소심해요. 우리가 울어도 걱정이고 웃어도 걱정이고 입술을 내밀어도 걱정이에요.

짜증 폭발 어린이 마음

　우리는 엄마 아빠를 우습게 여겨서 웃는 게 아니에요. 실수한 게 미안해서 웃을 뿐이에요. 또 엉엉 운다고 잘못을 모르는 것도 아니죠. 후회해서 눈물이 날 수도 있는 거잖아요.

　우리 표정을 보면서 엄마 아빠가 맘대로 오해할 때가 많아요. 우리가 잘못을 저질렀어도 엄마 아빠가 다정하게 물어봐 주면 아주 고마울 거예요.

　"너는 왜 그런 거짓말을 했니? 이유가 뭔지 말해 줄래?"

　"잘못한 걸 후회해서 우는 거야?"

　"왜 웃어? 미안해서 웃는 거니?"

　따뜻한 질문은 상상만 해도 감사해요. 우리 마음이 어떤지 따스하게 물어보는 엄마 아빠가 최고지요.

이럴 땐 이렇게 말해요

✅ 엄마 아빠가 겁먹지 않게 설명한다

　엄마 아빠는 마음이 약해요. 걱정을 풀어 드리면 엄마 아빠는 마음 놓고 활짝 웃을 겁니다.

　"제가 잘했다고 우는 게 아니에요. 거짓말을 한 게 후회되고 슬퍼요. 그래서 눈물이 나는 거예요."

　"엄마 말이 우스워서 웃는 게 아니에요. 부끄러워서 웃음이 날 때가 있잖아요. 그러니까 아무 걱정 마세요."

✅ 감정 표현을 억누르지 말라고 부탁한다

　가끔 엄마 아빠는 우리가 감정을 표현하지 못하게 억눌러요. 울지도 웃지도 못하게 만드는 거예요. 그럼 우리는 감옥에 갇힌 기분이 들죠. 마음을 솔직히 전하면 엄마 아빠가 이해해 줄 거예요.

　"울지도 웃지도 못하니까 제 마음이 너무 답답해요. 감옥에 갇힌 것 같아요."

"슬프면 울어야 해요. 슬픈데도 울지 못하면 마음에 병이 생긴대요."

✓ 주고받아야 좋은 대화라는 걸 알려 준다

야단칠 때 엄마 아빠는 일방적입니다. 엄마 아빠는 화가 나서 우리에게 쏟아붓기만 하는 것이죠.

좋은 대화는 테니스처럼 말이 왔다 갔다 해야 합니다. 우리 말도 들어 봐야 하는 거예요. 그렇게 양쪽 방향으로 오가는 대화를 '양방향 대화'라고 해요. 엄마 아빠에게 이렇게 말해 보세요.

"엄마 아빠만 말하지 말고 제 말도 들어 봐요. 저도 할 말이 있다고요. 죄송하지만 제가 그렇게 행동한 이유가 있어요. 그게 뭐냐면……."

"일방적으로 말하지 말고 제 말도 들어 주세요. 서로를 존중하는 양방향 대화가 옳아요."

'양방향'이라는 말은 엄마 아빠도 낯설 거예요. 엄마 아빠가 속으로는 깜짝 놀랄 게 분명해요.

13. 사내자식이 용기가 없어?

 **꼭꼭 숨은 엄마 아빠 마음**

엄마 아빠는 가끔 마음과 다르게 말해요. 친절하게 말하려고 했지만 정작 입에서 나오는 말은 종종 우리를 아프게 하죠. 예를 들어서 부끄러움이 많은 남자아이가 있다고 해 봐요.

친구들 앞에 나서길 꺼리는 아들에게 아빠가 응원을 하고 싶어요. 원래는 이렇게 말하려고 했어요.

"용기를 지금 내는 게 어떨까? 천천히 차분히 말해 봐. 그러면 떨리지 않을 거야."

아빠가 친절하게 응원하면 얼마나 좋을까요. 아들은 힘을 얻을 거예요. 아빠에게 분명 감사할 거예요. 그런데 실제로 아빠가 하는 말은 아주 차가울 때가 많아요.

"사내자식이 왜 그렇게 용기가 없어."

놀리고 비난하는 말투죠. 그런 말이 쌓이면 아들과 아빠 사이에 높은 벽을 만들어요.

엄마 아빠는 자신도 모르게 차갑게 말하는 습관이 있어요. 다정하게 말하는 걸 부끄러워한답니다.

어떤 엄마 아빠는 잘못된 생각을 해요. 예를 들어서 성차별주의라는 바이러스에 감염된 엄마 아빠도 있죠. 성차별주의는 남녀에게 각각 올바른 모습이 있다고 믿는 생각이에요. 가령 남자아이는 씩씩해야 옳다고 믿는 것이죠. 그러면 조용한 성격의 남자아이는 틀린 게 돼요. 또 여자아이는 얌전해야 한다고 믿는 것도 성차별주의예요. 그런 기준으로는 활동적이고 외향적인 여자아이는 놀림의 대상이 되어 버리죠.

마음속 성차별주의는 말로 변해서 튀어나옵니다. "남자는 용감해야 한다"거나 "여자는 얌전해야 한다"라는 말이 성차별주의의 증거예요.

 **짜증 폭발 어린이 마음**

　우리를 화나게 만드는 성차별적 발언은 아주 많죠. 몇 가지 예를 들어 볼까요.

　"울음 그쳐. 남자가 그만한 일로 울면 안 돼."

　"남자가 왜 그렇게 용기가 없어?"

　"여자애가 왜 그렇게 뛰어다녀? 얌전히 행동해야지."

　"여자는 무조건 예뻐야 해."

　"남자가 왜 그렇게 거울을 오래 보니?"

　왜 여자아이는 뛰어다니면 안 되고, 남자아이는 울지 말아야 하는지 설명도 안 해 줘요. 묻지 말고 무조건 따라야 한대요. 당연히 우리는 스트레스를 받지 않을 수 없어요.

　요즘 우리는 성평등 교육도 많이 받는데 엄마 아빠가 고정관념대로 이야기할 땐 답답하고 안타까워요.

✅ 성차별주의는 옳지 않다고 지적한다

엄마 아빠가 무심결에 성차별적인 말을 할 때가 있는데 그냥 넘어가지 말고 정확히 짚어 주는 게 좋아요. 그게 엄마 아빠를 진정으로 돕는 길입니다.

어른이라도 틀리면 지적을 받을 수 있어요. 대신 예의 바르게 말하는 것은 꼭 잊지 마세요.

"여자는 예쁘면 된다고요? 아빠, 방금 성차별적인 말을 했어요. 성차별적인 발언을 하면 사람들이 싫어해요. 아빠를 권위주의적인 꼰대라고 부를 게 분명해요. '예쁘다, 잘생겼다'처럼 외모를 평가하는 말은 아예 꺼내지 않는 게 좋아요. 혹시 잔소리처럼 들리나요? 아빠를 위해서 하는 말이에요."

"남자는 마음이 넓어야 한다고요? 엄마, 성차별적인 말이에요. 남자나 여자나 다 마음이 넓으면 좋죠. 남녀 구분은 왜 해요?"

✅ 불안한 엄마 아빠를 안심시켜 드린다

"남자는 이러면 안 된다, 여자는 이래야 한다"라고 말할 때, 엄마 아빠의 마음 깊은 곳에는 걱정이 있어요. 우리에게 힘든 일이 생길까 봐 염려하는 거예요. 용기가 없는 남자아이는 놀림을 받을 것 같아 걱정인 거죠. 또 너무 적극적인 여자아이는 누가 시샘하지 않을까 염려하는 거예요.

이렇게 말하면 불안한 엄마 아빠를 안심시킬 수 있어요.

"왜 남자가 용기가 없냐고 야단치셨어요. 저는 용기가 없는 게 아니고 조심성이 많은 거예요. 용기가 지나치면 위험한 행동도 하거든요. 제 친구가 그랬어요. 어릴 때 겁이 없다 보니 높은 데서 뛰어내려 발목을 다친 적이 있다고 했어요. 용기가 많지 않아도 잘살 수 있어요. 너무 걱정하지 마세요."

"왜 여자는 얌전해야 하나요? 적극적이면 안 되나요? 요즘은 적극적인 여성이 인정을 받아요. 엄마, 걱정 마세요."

✅ 자존감을 갖는다

자존감은 자신을 존중하고 인정하는 마음이에요. "나는 수학은 몰라도 인사는 잘해요." "나는 엄마 아빠를 웃게 만들어요" 자신을 부끄러워 말고 있는 그대로 인정한다면 훨씬 행복해질 거예요. 그리고 그런 어린이는 엄마 아빠도 기쁘게 만들어요.

"남자가 작은 일에 울면 안 된다고요? 저는 울보가 아니에요. 감수성이 풍부한 아이예요. 나중에 훌륭한 예술가가 될 수 있어요. 배우나 가수도 감수성이 풍부해야 해요. 눈물 많은 저를 있는 그대로 봐 주세요."

"전 있는 그대로의 제가 좋아요. 엄마 아빠도 제게 이래야 된다 저래야 한다는 말보다 절 믿고 인정해 주면 좋겠어요."

14. 안 된다면 안 되는 줄 알아

 ## 꼭꼭 숨은 엄마 아빠 마음

"안 돼"라는 말만 들으면 없던 짜증이 솟아나요. 엄마 아빠는 왜 그렇게 짜증스러운 말을 자주 하는 걸까요?

사실 부모가 되면 "안 돼"를 말하게 될 수밖에 없어요. 예를 들어서 어린아이가 뜨거운 냄비를 만지려고 할 때 엄마 아빠는 뭐라고 해야 할까요? 빠르게 "안 돼!"라고 소리쳐야 해요.

엄마 아빠는 여러 가지 위험에서 우리를 지키기 위해 매일 "안 돼" 하고 외치게 됩니다. 물론 그런 말을 자주 하면 문제입니다. 우리는 소심해지고 남의 눈치를 보는 아이가 되어 버리죠. "안 된다면 안 되는 줄 알아"는 더 강력한 "안 돼"입니다. 이야기조차 꺼내지 말라는 뜻이죠.

> "안 된다면 안 되는 줄 알아"
> = 절대 안 돼. 그 일은 너에게 해로워.
> = 제발 그러지 마. 엄마 아빠는 너를 지켜 주고 싶어.

짜증 폭발 어린이 마음

우리는 "안 된다면 안 되는 줄 알아"를 들으면 벽에 쾅 부딪히는 느낌이에요. 입 다물고 무조건 복종하라는 뜻으로 들리죠.

단호하다 못해 가슴에 못을 박듯 안 된다고 하는 엄마 아빠는 너무 냉정하고 야속합니다.

"안 된다면 안 되는 줄 알아"
= 입 다물어. 두 번 다시 그 이야기 꺼내지 마.
= 질문도 하지 마. 너는 무조건 엄마 아빠 말을 따라야 해.

우리의 말할 권리를 빼앗는 강압적인 명령이죠. 우리는 한숨만 내쉬게 돼요.

엄마 아빠가 절대 안 된다고 금지하면 어떻게 대처해야 할까요? 다음에 나오는 방법들을 참고해 봐요.

✅ 한번 더 생각해 달라고 부탁한다

　최대한 예의 바르게 이야기하면 엄마 아빠의 닫힌 마음을 열 수 있어요. 다시 한번 생각해 줄 수 없냐고 물어보는 게 효과적이에요.

　"안 된다고 한 거 기억해요. 그런데 한번 더 생각해 줄 수 없나요?"

　"안 된다고 말했지만 자꾸 생각이 나서 그래요. 게임을 포기해야 하나요? 정말로요?"

　위에서 안 된다고 한 거 기억한다는 말은 엄마 아빠 말씀을 존중한다는 뜻이에요. 그런 존중의 말을 앞세우면 엄마 아빠의 동의를 얻기 쉬워져요. "엄마 아빠 말씀이 맞지만……."이나 "엄마 아빠 말씀을 따르고 싶지만……." 도 괜찮아요.

　어떤 의견에 바로 거절하거나 무시하는 것보다 서로 그 의견에 대해 신중하게 고민하고 대답하는 모습을 보인다면 그건 상대방을 존중한다는 뜻을 표현할 수 있어요.

✅ 서로 타협하자고 말한다

이번에 허락해 주시면 엄마 아빠가 원하는 좋은 행동을 하겠다고 말해 봐요. 가령 이렇게 제안할 수 있어요.

"다시 한번 생각해 주세요. 콘서트를 2시간 보고 난 후 3시간 열심히 공부할게요."

"친구와 놀고 와서 책을 열심히 읽을게요. 허락해 주세요, 네?"

말하자면 엄마 아빠와 타협해야 한다는 뜻이에요. 양쪽이 서로 양보하고 협력하는 게 타협이에요. 엄마 아빠와 서로 양보하고 힘을 합쳐서 좋은 결정을 내려 보세요. 갈등이 줄어들 거예요.

친구 관계에서도 타협이 중요해요. 친구와 내가 원하는 게 다를 때 조금씩 양보하고, 둘이 모두 좋아할 결정을 내리는 거예요. 예를 들어서 친구는 떡볶이를, 나는 햄버거를 먹고 싶다고 가정해 볼까요.

그럴 때 둘이 모두 좋아하는 피자로 결정할 수 있어요. 아니면 이번에는 떡볶이를 먹고 다음에는 햄버거를 먹기로 타협할 수도 있죠. 매번 한쪽만 양보하면 안 돼요. 타협은 우정도 깊게 만든답니다.

15. 엄마 친구 딸은 100점 받았는데

꼭꼭 숨은 엄마 아빠 마음

비교를 당해서 기분 좋은 사람은 세상에 없어요. 엄마 아빠도 누군가와 비교하면 싫어하죠. 그런데 많은 엄마 아빠가 시험 점수가 나오면 "친구는 몇 점 받았니?"라고 묻고, 늦잠을 좀 자면 "오빠는 일찍일찍 일어나는데 너는 누굴 닮아서 이러니?"라고 심장 꼬집는 말을 합니다. "똑같은 학원에 보내 줬는데 너는 왜 친구처럼 못하니?" "너는 언니를 좀 닮아 봐라"도 비교 잔소리예요.

> "엄마 친구 딸은 100점 받았다"
> = 너도 다른 아이처럼 열심히 해라. 너는 분명히 할 수 있어.
> = 다른 아이에게 지면 안 된다. 경쟁에서 이겨야 해.

엄마 아빠 생각에 비교는 응원이에요. 비교하면서 아주 쬐끔 괴롭혀야 우리가 나아진다고 믿는 것이죠. 하지만 우리 마음은 전혀 다르다는 게 문제예요.

짜증 폭발 어린이 마음

엄마 아빠가 비교를 하면 굉장히 속상해요. 짜증이 밀려오죠. 어떤 때는 폭발할 것 같아요. 기분이 상하는 건 나의 소중함을 부정당하기 때문입니다. 모든 어린이는 소중합니다. 수학을 못하건 잘하건 눈이 작든 귀가 크든 말이죠.

그런데 엄마 아빠가 누군가와 비교하면서 야단칠 때 나는 부족한 아이일 뿐이죠. 그러니 짜증 나고 속상한 거예요.

> "엄마 친구 딸은 100점 받았다"
> = 너는 그 아이보다 못나고 어리석다.
> = 엄마 친구는 행복한데 엄마는 불행해. 너 때문이야.

"너는 엄마 친구 딸보다 못났다"는 말을 듣고 기분 좋은 어린이는 세상에 없어요. 자존심이 상하고 심한 경우엔 모욕감도 느끼게 되죠. 비교는 무척 기분 나쁜 잔소리입니다.

✅ 비교당하면 슬프다고 말한다

  비교당하는 심정이 어떤지 자세히 말하면 엄마 아빠는 자신을 되돌아볼 거예요. 자기 감정을 솔직히 말해 봐요. 그래야 속이 시원해요. 문제도 해결되고요. 단 예의를 지켜야 합니다.

  "제가 공부를 못해서 엄마를 불행하게 만드나요? 저는 나쁜 아이인가요? 정말 슬픈 이야기네요. 울고 싶어요."

  "비교당하면 공부하기 싫어져요. 기운이 빠져서 책을 읽을 수가 없다고요. 또 솔직히 화가 나요. 아빠가 그 아이보다 제가 부족하다고 말하니까 못 견디겠어요. 저의 마음을 좀 알아주세요."

✅ 입장을 바꿔서 생각해 달라고 부탁한다

  엄마 아빠가 야단칠 때 많이 활용할 수 있는 방법이에요. 역지사지를 하자고, 즉 입장을 바꿔서 생각해 보자고 말해 보세요. 엄마 아빠가 비교당하는 아이라면 어떤 느낌일지 생각해 보라고 부탁드리는 겁니다.

"엄마는 할아버지나 할머니가 비교하면 슬프지 않았어요? 지금 저의 마음은 어떨 거 같나요? 저의 기분도 신경 써 주세요."

"제가 아빠를 다른 아빠와 비교하면 속상하지 않겠어요? 저는 비교하지 않아요. 왜냐하면 아빠는 소중하니까요."

✅ 비교의 말보다 좋은 말을 추천한다

어릴 때부터 엄마 아빠에게 많이 배웠으니 이제는 우리도 가끔 엄마 아빠에게 가르쳐 드리는 거예요.

"엄마, '왜 너는 친구처럼 100점을 못 받았니?'라고 말하지 마세요. 대신 '열심히 공부하면 돼. 점수는 결과일 뿐이야.'라고 말해 주세요. 그래야 제가 상처받지 않아요."

"다른 아이와 비교하지 마세요. 대신 이렇게 말해 주세요. '친구는 신경 쓰지 마. 왜 남과 너를 비교하니? 너는 있는 그대로 소중한 아이야.'라고 말이죠. 그럼 저는 무척 행복할 것 같아요."

"'최선을 다했으니 괜찮아. 노력하느라 정말 애썼어. 그것만으로도 훌륭해.'라고 말해 주세요."

✓ 사람마다 다르다고 말한다

　사람은 모두 개성이 있어요. 그래서 비교할 수 없어요. 노란 꽃과 빨간 꽃은 저마다 아름다워요. 또 꽃마다 피어나는 시기가 다르죠. 그런 사실을 엄마 아빠에게 알려 주세요.

　"어떤 아이는 공부를 잘하고 어떤 아이는 운동을 잘해요. 또 친구들과 편하게 지내는 아이도 있고 좀 까다로운 아이도 있죠. 공부하는 시기나 방식도 모두 달라요. 어떤 아이는 초등학교 때 잘하고 어떤 아이는 중학교 때 실력이 쑥 자라기도 해요. 엄마, 너무 단순하게 비교하지 마요. 희망을 가지고 기다려 주세요."

16. 왜 약속을 안 지켜?

꼭꼭 숨은 엄마 아빠 마음

엄마 아빠는 우리와 약속하기를 좋아합니다. 약속에는 여러 종류가 있죠. 공부 열심히 하기, 텔레비전 조금만 보기, 짜증 안 내기, 집안일 돕기 등등이죠.

그런데 대부분의 약속은 지키기 힘들어요. 생각은 있지만 몸이 따르지 않아서 약속을 어기게 되는 거죠. 그럴 때 엄마 아빠는 야단을 칩니다.

"못 지킬 약속은 왜 했어?"

"약속을 했으면 어떤 일이 있어도 지켜야지."

그런데 야단치는 엄마 아빠도 약속 지키기가 아주 어렵다는 걸 알죠. 약속 안 지켰다고 야단맞는 기분도 빤히 알아요. 엄마 아빠도 그런 꾸중을 많이 들으며 자랐기 때문이죠.

엄마 아빠도 우리를 야단치는 게 즐겁지 않아요. 약속을 지키려고 노력해야 자녀가 성장한다고 믿기 때문에 열심히 잔소리하고 혼내는 거예요.

짜증 폭발 어린이 마음

약속 안 지킨다고 잔소리하는 게 우리를 위해서라고요? 분명히 그럴 거예요. 우리도 머리로는 알아요. 그런데 마음으로는 이렇게 결심하게 되죠. "다시는 약속하지 않을 거야."

엄마 아빠가 원하는 약속은 지키기가 어려워요. 예를 들어 볼까요. 휴대 전화 사용 줄이기는 아주 힘들어요. 공부 열심히 하기도 쉽지 않죠.

하지만 어린이들이 정말로 원하는 약속도 있죠. 엄마 아빠가 이렇게 말해 주면 얼마나 좋을까요?

"이번 주말에는 절대 공부하지 않기로 약속하자. 하루 종일 놀아야 해."

"이번 한 달 동안은 단 한 번도 잔소리하지 않을게. 약속한다."

"오늘은 하고 싶은 걸 다 해라. 스트레스를 남김없이 풀기로 약속하자."

✓ 약속을 세 가지로 나눠서 생각한다

약속에는 세 가지가 있어요. 지킬 수 있는 약속, 지키기 어려운 약속, 지킬 수 없는 약속이 그것이죠. 약속의 종류에 따라 대응이 달라야 해요.

지킬 수 있는 약속을 하세요. 예를 들어서 "하루에 책을 30분 읽는다" "하루에 운동을 10분 한다"는 쉬워요. 그리고 "집에 돌아와서 가장 먼저 엄마 아빠에게 인사한다"도 지킬 수 있어요.

그런데 지키기 어려운 약속도 있어요. 예를 들어서 "절대 짜증 내지 않는 착한 어린이가 되겠다" "공부를 열심히 하겠다" "동생과 싸우지 않겠다"가 그래요. 약속을 어길 가능성이 높죠. 이런 경우에는 "노력하겠다"고 약속하면 돼요. "반드시 하겠다"고 맹세해 버리면 나중에 지키지 못할 수 있으니 조심해야 해요.

지킬 수 없는 약속은 애초에 피해야 해요. 천재가 아니라면 "모든 과

목을 100점 받겠다"는 약속도 피해야 해요. 할 수 없거나 하기 싫은 약속은 하지 마세요. 물론 당연히 설명을 해야 해요. 왜 약속할 수 없는지 자세히 그리고 예의 바르게 말씀드려야 하는 거예요.

친구와 약속할 때도 마찬가지예요. 지킬 수 있는지 아닌지 먼저 따져 보고 결정하는 게 좋아요. 예를 들어 어떤 친구와 친해지고 싶어도 "뭐든지 다 하겠다"라고 약속하면 안 되는 거예요.

✅ 약속은 바꿀 수 있는 거라고 말한다

엄마 아빠가 "너는 왜 약속 안 지키냐" 하고 야단을 치면 '약속 변경'에 대해서 말해 보세요. 약속했어도 사정이 생기면 약속 내용을 바꿀 수 있어요. 또 어떤 경우에는 취소가 가능하죠. 약속한 두 사람이 동의만 하면 얼마든지 가능해요. 이렇게 설득해 보세요.

"저는 매일 30분씩 집안일을 돕기로 약속했어요. 그런데 약속을 취소하거나 변경하면 안 될까요? 요즘 몸이 피곤해요. 또 숙제가 너무 많아요. 매일 15분으로 줄이면 좋겠어요."

17. 이게 사람 방이야? 돼지우리지

꼭꼭 숨은 엄마 아빠 마음

엄마 아빠는 왜 "돼지우리 같다"고 잔소리를 할까요? 엄마 아빠가 대신 청소하는 게 싫어서는 아니에요. 우리가 정리 정돈을 잘하길 바라기 때문에 야단을 치는 것이죠. 사실 정리 정돈은 중요해요. 방이 정리되어야 마음도 정리되니까요.

그런데 문제는 '돼지우리'예요. '돼지우리'는 불쾌한 비유죠. 학교에 온 엄마가 선생님의 더러운 책상을 보고 "어유, 선생님. 책상이 완전히 돼지우리 같네요." 하고 말하지 않을 거예요. 듣는 사람의 기분이 상하기 때문이죠. 그런데 자녀에게는 왜 "방이 돼지우리 같다"며 야단을 칠까요?

첫 번째로 우리가 편하기 때문입니다. 선생님 앞에서는 예의를 지켜야 하지만 우리에게는 굳이 조심할 필요가 없다고 생각합니다. 어린이도 존중해야 한다는 걸 자주 잊는 것이죠. 아쉬운 일입니다.

두 번째 이유는 엄마 아빠가 우리를 사랑하기 때문입니다. 선생님이 정리 정돈을 하지 않아도 엄마는 걱정하지 않아요. "알아서 잘 사시겠지." 하고 생각할 거예요. 하지만 우리는 달라요.

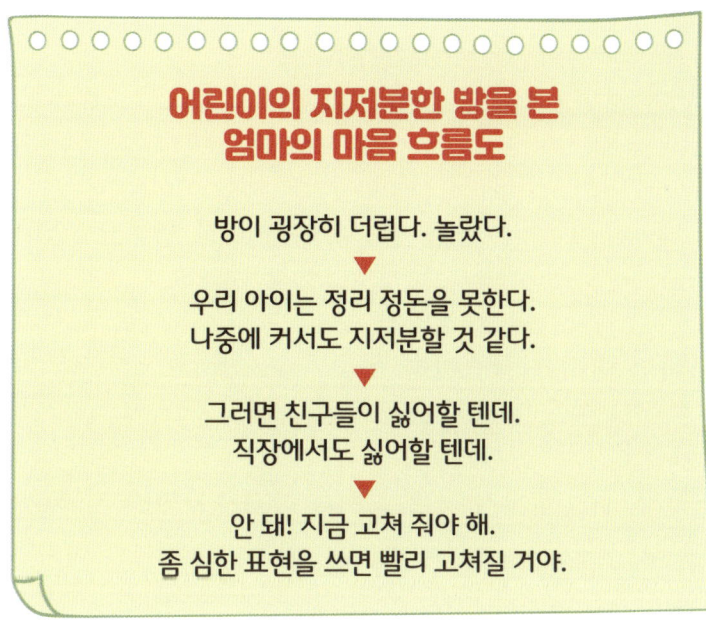

"방이 돼지우리 같잖아. 빨리 정리해!"

이럴 때 엄마는 사랑하니까 혼내서라도 좋은 버릇을 들여야 한다고 생각해요. 정말 이상해요. 사랑하니까 아프게 해도 된다고 생각하다니. 강아지가 사랑스러워서 괴롭히는 것과 다르지 않아요. 엄마 아빠는 모순에 빠져 있어요. 모순이 뭐냐고요? 앞뒤가 맞지 않는 생각에 빠져 있다는 거예요.

 **짜증 폭발 어린이 마음**

사실 '돼지우리'는 재미있는 비유가 될 수도 있어요. 엄마 아빠가 웃으면서 "우리 아이 방이 완전히 돼지우리네"라고 하면 가볍게 생각하고 머리를 긁적이며 웃을 수도 있지요. 그런데 화난 표정으로 말하면 어떻게 될까요? 우리 마음이 얼어붙겠죠.

이를테면 나는 돼지처럼 게으르고 지저분한 아이가 되는 것이죠. 한두 번은 괜찮지만 자주 들으면 화가 나요.

"이게 사람 방이야? 돼지우리지"
= 너 참 더러운 아이구나. 돼지가 따로 없네.
= 너는 그 쉬운 정리 정돈도 못하니? 참 답답하다.

엄마 아빠는 옆집 아이를 야단치지 않아요. 나를 사랑하기 때문에 꾸중하는 거예요.

✅ 자존감이 떨어졌다고 말한다

 엄마 아빠의 꾸중을 들으면 마음이 아프다고 말해 보세요. 엄마 아빠도 잘 알지만 자꾸 잊어요. 우리가 자주 기억을 떠올리게 도와 드려야 해요.

 "방금 엄마가 '이게 뭐니? 너무 더러워. 돼지우리 같다. 빨리 치워.'라고 말했어요. 솔직히 돼지우리는 아니에요. 나쁘게 말하면 기분이 나빠져요. 자존감도 떨어지고요. 좋게 말해야 밝게 자랄 수 있다고요."

✅ 희망과 용기를 준다

 엄마 아빠에게는 희망이 필요해요. 언젠가 우리가 더 나아질 거라고 말하면 엄마 아빠도 잔소리를 거둬들일 거예요.

 "엄마, 제 방이 어지러워서 걱정이죠. 신었던 양말이 여기저기 굴러다녀서 속상하죠. 그런데 너무 염려 마세요. 나아질 거예요. 어릴 때는 원래 정리 정돈을 잘 못한대요. 연습하다 보면 언젠가 깨끗해질 거예요. 희망을 가져요. 엄마, 파이팅!"

✅ 밝은 에너지를 달라고 부탁한다

엄마 아빠라고 해서 자녀에 대해서 모든 걸 아는 건 아닙니다. 중요한 사실을 알려 줘야 할 때도 있어요.

"아빠, 어린이가 왜 방을 정리하지 않는지 이유를 아세요? 그중 하나는 의욕이 없어서 그렇대요. 마음이 어두운 게 원인이라고요. 우울한 아이일수록 방이 더 더럽다는 이야기도 들었어요. 저도 요즘 마음이 어둡고 의욕이 없는 것 같아요. 밝은 에너지를 좀 주세요."

"엄마도 기분이 안 좋거나 슬프면 아무것도 하기 싫죠? 저도 지금 그래요. 앞으로 당분간은 방 청소도 힘들 것 같아요. 이해해 주세요. 며칠만 더 참아 주세요."

18. 커서 뭐가 되려고 그래?

 **꼭꼭 숨은 엄마 아빠 마음**

"넌 커서 뭐가 될래?"는 아주 흔한 잔소리입니다. 실수를 자주 하거나 게임을 좋아하는 어린이라면 귀가 아프게 듣곤 하죠. 그런데 사실은 엄마 아빠도 그런 잔소리를 무척 많이 듣고 자랐어요.

아빠는 커서 자신의 어린 자녀에게 똑같은 잔소리를 합니다. 사람은 녹음기랑 비슷합니다. 많이 들으면 저장했다가 똑같은 말을 하게 돼요.

엄마 아빠는 사랑하는 자녀의 미래를 걱정해요. 나중에 어떻게 살지 염려하는 것이죠. 그리고 우리가 지금부터 미래를 준비하면 좋겠다고 생각해요.

"너는 커서 뭐가 되려고 이러니?"
= 엄마 아빠는 네가 행복한 게 가장 중요해.
= 커서 행복하게 살려면 지금부터 노력해야 한다.

짜증 폭발 어린이 마음

어린이는 엄마 아빠의 이런 말을 듣고 나면 기분이 굉장히 나빠져요.

> "너는 커서 뭐가 되려고 이러니?"
> = 너는 희망이 없다.
> = 정말 한심하구나.

마치 우리를 무시하는 것 같아요. 자존심이 상하고 무척 슬퍼져요. 엄마 아빠가 나를 한심해하는 것처럼 느껴지니까요.

동화 속 마녀도 떠올라요. 『잠자는 숲속의 공주』에서 마녀는 공주가 물레 바늘에 찔려 쓰러질 거라고 저주했죠. 엄마 아빠도 우리에게 불행해지라고 저주하는 것만 같아서 무서워져요.

✅ 솔직한 마음을 고백한다

어떤 야단이건 마음을 솔직히 고백하면 줄일 수 있어요. "커서 뭐가 될 거냐?"는 잔소리도 마찬가지예요. 마음이 어떤지 자세히 설명해 보세요.

"엄마가 보기에는 제가 못난 어른이 될 것 같나요? 엄마 눈에는 제가 바보 같나요. 엄마 말을 들으니 마음이 너무 아프고 무서워요. 불행해질 것 같아서 겁이 나요."

"왜 아빠는 저에게 겁을 주세요? 여러 번 부탁 드렸잖아요. 겁쟁이로 키우지 말아 주세요."

✅ 엄마 아빠의 도움을 요청한다

누구나 미래를 생각하면 조금 불안해요. 어떤 사람이 될지 알 수 없으니까 걱정도 되고 무섭기도 하죠. 엄마 아빠도 그런 감정을 겪으며 자랐어요. 도와 달라고 부탁해 보세요.

"저도 제가 커서 뭐가 될지 잘 모르겠어요. 좋은 직업을 갖게 될지 알 수 없어요. 행복한 사람이 될 자신도 없고요. 엄마 아빠, 저는 어떤 사람이 되어야 할까요. 행복한 사람이 될 수 있을까요. 아니면 엄마 아빠 말대로 아무짝에도 쓸모없는 사람이 될까요. 행복해지려면 어떻게 해야 되죠? 공부만 잘하면 된다는 말은 하지 마세요. 정말 행복한 사람이 되는 방법을 알려 주세요."

✓ 장점도 봐 달라고 요청한다

엄마 아빠는 우리의 단점만 눈에 잘 보여요. 그래서 걱정이 커지고 잔소리도 늘어납니다. 나의 장점을 충분히 말씀드리면 엄마 아빠도 좀 달라질 거예요.

"아빠, 저는 친구들하고 아주 잘 지내요. 선생님은 제가 친화력이 있다고 칭찬하셨어요. 또 인간관계가 좋은 어른이 될 거라며 등을 두드려 주셨어요. 아주 기뻐요. 아빠도 너무 걱정 마세요. 아빠 아들은 장점이 많은 아이니까요."

"엄마, 저에게 장점은 없나요? 숨은 가능성은 없어요? 저는 커서 정말 좋은 사람이 될 수 없을까요? 저를 나쁘게만 보지 마세요. 장점을 칭찬해 줘야 어린이가 행복해진다고 하잖아요. 저를 긍정적으로 봐 주세요. 부탁드려요."

✅ 생각할 시간을 달라고 말한다

세상에 직업이 몇 종류나 될까요? 수천수만 개요? 아닙니다. 훨씬 많아요. 5백만 개가 넘는다고 주장하는 학자도 있어요. 또 새로운 직업이 매일 생겨나고 있어요. 옛날에는 프로 게이머라는 직업이 없었어요. 얼마 전까지 웹툰 작가라는 직업도 없었죠. 인공 지능 개발자도 말이에요.

지금도 새로운 직업이 마구 생겨나고 있어요. 그렇다면 우리가 자라서 어떤 직업을 가질지 일찍부터 알기는 어려워요. 천천히 결정하면 되는 거예요. 엄마 아빠에게 이렇게 말해 보세요.

"아빠, 세상에 직업이 몇 개인지 알아요? 수백만 개래요. 또 새로운 직업도 계속 생기고 있어요. 벌써부터 직업을 정할 필요는 없어요. 천천히 정하면 되는 거예요. 아빠는 언제 직업을 결정했어요? 저에게 시간을 주세요. 서두르지 않을래요. 열심히 공부하고 즐겁게 지낼게요. 그러다 보면 꿈도 찾고 행복한 사람이 될 수 있을 것 같아요."

✅ 사과해 달라고 부탁한다

우리 마음을 다치게 하고도 엄마 아빠는 사과를 잘 하지 않아요. 미안한 마음이 없는 건 아니에요. 다소 부끄러워서 그래요. 사과를 받고 싶다면 한번 솔직하게 말해 보세요. 사과해 줄 수 있는지 궁금하다고 말하는 거예요.

"아이가 넘어져서 다치면 엄마가 무릎을 후후 불어 주잖아요. 그러면 아이는 아픈 걸 잊게 되죠. 엄마가 야단쳐서 제 마음에 멍이 들었어요. 후후 불어 주세요. 미안하다고 말해 주면 안 되나요? 제 기분이 밝아질 것 같아요."

"아빠, 잘못했으면 사과해야 한다고 말했죠? 솔직히 사과하는 사람이 멋있다고 말한 것도 기억해요. 혹시 저한테 사과할 일은 없나요?"

19. 학생이 하라는 공부는 안 하고

 **꼭꼭 숨은 엄마 아빠 마음**

엄마 아빠는 자녀가 열심히 공부하기를 바랍니다. 그래서 이런 핀잔을 자주 하게 되죠.

"학생이 하라는 공부는 안 하고 말이야."

그 잔소리에는 엄마 아빠의 간절한 부탁이 들어 있어요. 공부를 무엇보다 소중하게 생각하라고 당부하는 말이에요.

> "학생이 하라는 공부는 안 하고 말이야."
> = 학생에게는 공부가 가장 중요하단다. 힘들어도 열심히 해.
> = 공부 말고 다른 일은 중요하지 않아. 모두 다 잊어버려.

사실 세상에는 공부보다 중요한 게 많아요. 좋은 친구를 사귀고 여행도 가고 많이 웃으며 즐겁게 생활하는 것도 무척 중요하죠. 하지만 많은 엄마 아빠가 공부가 제일 중요하다고 생각해요. 공부를 잘해서 유명한 대학에 가고 큰 회사에 취직해야만 행복하다고 믿는 엄마 아빠도 있어요.

짜증 폭발 어린이 마음

그런데 우리 생각은 달라요. 공부가 중요하다는 걸 모르는 건 아닙니다. 하지만 학생이라고 공부만 할 수는 없어요. 토끼처럼 뛰어 놀아야 건강해집니다. 텔레비전 보면서 크게 웃어야 스트레스가 날아가죠. 또 짜증이 나면 친구들과 이야기하면서 마음을 시원하게 풀어야 해요.

우리는 공부 기계가 아니라 사람이니까 공부 말고도 할 일이 많은 거죠. 그 사실을 엄마 아빠가 인정하지 않으니 답답합니다. 공부만 해야 한다는 잔소리를 들으면 고구마가 목에 걸린 느낌이에요. 정말로 공부만 해야 좋은 아이인가요? 그러면 1등 빼고는 다 나쁜 아이인가요? 엄마 아빠의 답을 듣고 싶어요.

"학생이 하라는 공부는 안 하고 말이야."
= 공부만 잘하면 돼. 친구도 즐거움도 잊어. 오직 공부만 해.
= 공부만 해야 착한 아이야. 너처럼 공부 안 하면 나쁜 애야.

✅ 공부는 마라톤 같다고 설명한다

엄마 아빠는 불안해요. 하루이틀 공부를 하지 않으면 우리 인생에 큰일이 날까 봐 근심합니다.

"공부는 마라톤이 아닐까요? 힘을 잘 분배하지 않으면 끝까지 달릴 수 없어요. 놀아야 공부도 더 열심히 알 수 있어요. 저는 지금 공부하기 위해서 노는 거예요. 너무 걱정하지 마세요."

"'간격 효과'라는 게 있대요. 쉬지 않고 공부만 하면 기억력이 떨어진대요. 대신 공부하고 쉬고 또 공부하고 쉬고 반복해야 한대요. 간격을 두고 공부해야 기억력이 더 높아진다고 책에서 읽었어요. 그러니까 공부만 하라고 하지 마세요. 쉬라고도 말씀해 주세요."

✅ 가끔은 푹 쉬게 해 달라고 부탁한다

직장인도 토요일과 일요일에는 일하지 않아요. 프로 야구 선수들도

시즌 중 월요일에는 쉬어요. 매일 일하는 사람은 세상에 거의 없어요. 그런데 공부는 왜 매일 해야 하는 걸까요.

"엄마 아빠, 일주일에 하루는 완전히 놀게 해 주세요. 공부 휴일이 필요해요. 다른 날에는 최선을 다해서 공부할게요."

"쉬지 않으면 공부를 못하게 된대요. 선생님이 잘 쉬고 잘 놀아야 학습 효율이 높아진대요. 제발 공부 휴일을 허락해 주세요."

✅ 행복한 어린이가 공부를 잘한다고 말한다

행복한 어린이가 공부도 잘한다는 걸 알려 드리세요.

야단을 맞은 후에 공부가 잘 되나요? 아니면 기분이 좋을 때 책이 머리에 쏙쏙 들어오나요?

꾸중 들어서 짜증 나면 공부가 안 되죠. 걱정이 있어도 공부에 집중하기 힘들어요. 마음이 평안할 때 학습 효율이 높아지죠. 그래서 엄마 아빠가 꾸중을 줄여야 하는 거예요. 야단을 자주 치면 오히려 공부를 못하게 만들지요. 기분이 좋아야 공부가 잘되고 더 공부를 잘하게 된다는 사실을 엄마 아빠에게 알려 드리세요.

"엄마, 행복한 어린이가 공부를 더 잘한대요. 잘 쉬고 잘 놀아야 기분이 좋아져서 공부도 잘될 거예요. 그러니까 공부만 하라고 하지 마세요. 재미있게 놀고 공부도 열심히 하라고 말해 주세요."

"아빠, 공부를 안 한다면서 저를 여러 번 혼냈어요. 야단맞을 짓을 했으면 야단을 맞아야죠. 그런데 꾸중을 자주 듣는 어린이는 공부를 못하게 돼요. 왜냐고요? 혼나면 기분이 나빠지고 공부에 집중할 수 없기 때문이에요. 혼내지 말아 주세요. 공부를 방해하게 되니까요."